SHODENSHA
SHINSHO

江戸の「事件現場」を歩く

山本博文／監修

祥伝社新書

はじめに

歴史散歩の楽しみは、現代的な都市の中に江戸を見つけることにある。江戸の切絵図を持って街を歩けば、道やビルの敷地の形に江戸の痕跡が残っている。江戸は、武家地、町人地、寺社地などに分かれていて、その特徴は現在の東京を歩いていても感じとれるのである。

一歩進めて、現在立っている街に、過去にどういう事件が起こったかを知れば、歴史散歩の楽しみをさらに深めることができる。本書は、そのためのガイドブックとして作られたものである。

江戸時代二六五年のうちには、数々の事件が江戸のさまざまな場所で起こっている。江戸時代前期はまだ戦国時代以来の殺伐《さつばつ》とした雰囲気が残っており、旗本奴《はたもとやっこ》と町奴《まちやっこ》の対立があった。その最大のハイライトが、旗本奴水野《みずの》十郎左衛門《じゅうろうざえもん》による町奴幡随院《ばんずいいん》長兵衛《ちょうべえ》の謀殺である。水野の屋敷は、現在の西神田《かんだ》1—6—2の「西神田コスモス館」（千代田区営の複合施設）の建つ場所にあった。こうした事実を知っていれば、現代的なビルを見ても江戸時代に思いを馳《は》せることができる。

テレビや映画で何度も放映される「忠臣蔵《ちゅうしんぐら》」のもとになった赤穂《あこう》事件の舞台も、浅《あさ》野《の》家上屋敷が鉄砲洲《てっぽうず》にあり、浅野内匠頭《たくみのかみ》が切腹した田村右京大夫《たむらうきょうだゆう》邸が新橋《しんばし》にあり、討ち入った吉良上野介《きらこうずけのすけ》邸が本所《ほんじょ》にあったことを知れば、地理的な広がりをもって事件を理解することができるだろう。

幕末では、大老井伊直弼《いいなおすけ》が水戸《みと》藩浪士らに討たれた桜田門外《さくらだもんがい》の変が起こった現場は、現在でも当時とそう変わらない。桜田門に立つと、かつて井伊直弼邸があった国会議事堂の建物が見える。襲撃は、その短い道筋の間で決行された。直弼は襲撃計画の噂《うわさ》を知っていたのだから、もう少し供《とも》の藩士に注意を促《うなが》していれば、むざむざと討たれることもなかっただろう。

新政府軍が江戸を占領した後、旗本たちの一部は彰義隊《しょうぎたい》を結成し、上野寛永寺《うえのかんえいじ》に立て籠もった。最初の戦いは、寛永寺の入口の黒門《くろもん》口で開始された。今では行楽客で賑《にぎ》わう上野駅のすぐ側《そば》で、たいへんな激戦が繰《く》り広げられたのである。その当時の黒門が、荒川区の円通寺《えんつうじ》に移築されて現在も残っている。こうした場所を訪ねれば、江戸時代が身近に感じられる。

また、時代小説や時代劇を好きな読者にとっては、それがどこを舞台としているかというのも興味を惹《ひ》かれることだろう。銭形平次《ぜにがたへいじ》が住んでいたと設定される神田明《みょう》神下《じんした》は、周囲に湯島聖堂《ゆしませいどう》なども残っていて、当時の雰囲気を感じることができる。小《こ》石川《いしかわ》植物園の中には、今でも小石川養生所《ようじょうしょ》で使った井戸が残っている。

さらに千葉周作《ちばしゅうさく》の玄武館《げんぶかん》、桃井春蔵《もものいしゅんぞう》の士学館《しがくかん》、斎藤弥九郎《さいとうやくろう》の練兵館《れんぺいかん》など剣客たちの町道場の位置、松尾芭蕉《まつおばしょう》、鬼平《おにへい》こと長谷川平蔵《はせがわへいぞう》、滝沢馬琴《たきざわばきん》、遠山《とおやま》の金《きん》さんなど江戸時代の著名人の住居など、本書には時代劇好きの読者の知りたい情報が詰まっている。

ぜひ、本書を片手に東京の街を歩いてほしいと思う。

平成二十九年八月

東京大学史料編纂所教授　山本博文《やまもとひろふみ》

江戸の「事件現場」を歩く◆目次

第二章　時代小説や時代劇の現場

第三章　剣客たちの道場はどこにあった

執筆協力／日本の歴史と文化を訪ねる会
編集協力／株式会社渋柿舎
図版作成／イストゥワールF2
写真／simon

第一章
江戸の事件現場

尾張屋板切絵図「大久保繪図」

慶安の変

慶安四年（一六五一）七月二十三日

幕府転覆を謀った由比正雪の一味

慶安《けいあん》四年（一六五一）七月二十三日、老中松平信綱《まつだいらのぶつな》と江戸町奉行石谷貞清《いしがやさだきよ》のもとに、幕府転覆《てんぷく》の陰謀を訴える者が相次いだ。

幕府は密告者によって、首謀者の由比《ゆい》（由井、油井とも）正雪《しょうせつ》が、徳川家康《とくがわいえやす》を祭神とする駿府《すんぷ》の久能山東照宮《くのうさんとうしょうぐう》を襲って金銀を奪い、駿府城を占領する計画をもって駿府に向かったことを知り、新番頭《しんばんがしら》駒井親昌《こまいちかまさ》にこれを追わせた。

歌舞伎『樟紀流花見幕張』の芝居絵に描かれた正雪（国立国会図書館蔵）

一方、正雪の動きに呼応する一隊は、正雪が片腕とする宝蔵院《ほうぞういん》流槍術《そうじゅつ》師範の丸橋忠弥《まるばしちゅうや》が指揮した。一味である幕府の小石川焔硝蔵《こいしかわえんしょうぐら》番人の河原《かわはら》勘右衛門《かんえもん》をして蔵に火をつけさせ、同時に江戸の各所に放火し、江戸城に潜入して将軍家綱《いえつな》の身柄を確保し、浪人たちを糾合《きゅうごう》し幕府覆滅《ふくめつ》を謀《はか》るというものであった。

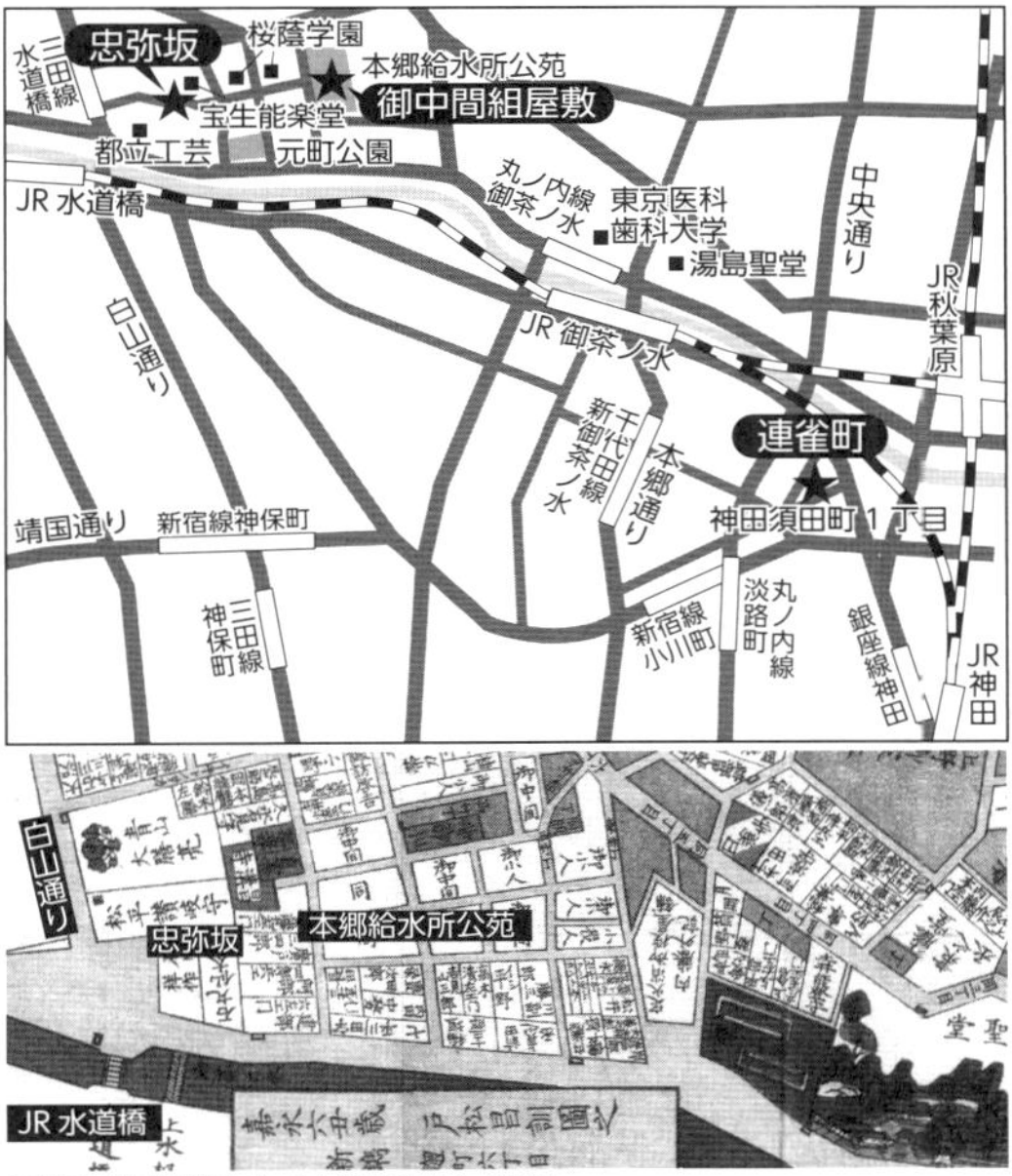

尾張屋板切絵図「本郷繪図」部分

幕府は、町奉行所の捕り方を動員し、夜の明ける前に丸橋の道場を包囲した。槍で知られる丸橋に慎重に対したが、意外にも丸橋はほとんど抵抗もできずに捕縛された。

歌舞伎の『樟紀流花見幕《くすのきりゅうはなみのまく》張《はり》』は、丸橋を長宗我部盛親《ちょうそかべもりちか》の庶子《しょし》とし、山形《やまがた》市では母の生家である山形城下近郊の渋《しぶ》江《え》村に逃れ、長じて山形市相《あい》生《おい》町7―56にある天台《てんだい》宗《しゅう》秀

丸橋忠弥の道場があったとされる「忠弥坂」

本郷給水所公苑

蔵寺《ぞうじ》の西隣に住んだとしている。

現在のJR水道橋《すいどうばし》駅東口の白山《はくさん》通りを後楽園《こうらくえん》方面に行った右側すぐの柔道着店を右折すると、丸橋の道場があったとされる「忠弥坂」になる。

しかし、時代は違うが嘉永《かえい》六年（一八五三）の尾張屋板《おわりやばん》切絵図「本郷繪図《ほんごうえず》」では、そのあたりは四国高松《たかまつ》藩松平讃岐守《さぬきのかみ》の下屋敷などが占めている。また、丸橋の道場は御中間《ちゅうげん》頭大岡源左衛門《おおおかげんざえもん》の屋敷内にあったとする史料もあり、坂を登りきると御中間が集住しているので、丸橋の道場は現在の本郷給水所公苑あたりだったかもしれない。

浪人と旗本救済に策を講じなかった幕府

正雪一味が幕府転覆を謀った背景には、巷《ちまた》に溢《あふ》れた浪人問題があった。

徳川家康は、慶長《けいちょう》五年（一六〇〇）の関ヶ原《せきがはら》合戦の戦後処理で、多くの大名を除封・減封した。二代将軍秀忠《ひでただ》も、慶長二十年（一六一五）の大坂夏の陣に勝利し、豊臣《とよとみ》家を滅亡させると外様大名を改易したので、二〇万人以上の浪人を出していた。

だが幕府は、大坂の陣で敵対した浪人を危険視していた。彼らは仕官を求めて江戸市中に居住したが、幕府は浪人の再仕官を禁止するなど、厳しく対応した。

慶安四年（一六五一）四月に三代将軍家光《いえみつ》が死去したが、四代将軍家綱にはまだ一一歳でしかないため、松平信綱らの老中が集団指導体制をとっていた。

この頃には、仕官の道を閉ざされた浪人ばかりでなく、旗本たちも経済的に困窮《こんきゅう》していた。三河《みかわ》国刈谷《かりや》二万石の大名・松平定政《さだまさ》は、家光死後の七月に、旗本の救済策を講じない幕閣を批判し、所領を返上するので旗本救済に充《あ》ててほしいと上書し、寛永《かんえい》寺《じ》で出家した。定政は息子の定知《さだとも》と二人の家来をともない、江戸市中を托鉢《たくはつ》して回ったが、幕閣はこれを気がふれたとして定政を親戚預けに処した。

事件は幕府の浪人対策を改善させた

松平定政の事件は、幕府に不満を持つ浪人や旗本たちを刺激し、由比正雪が謀叛を企むきっかけとなった。幕府の公式文書によると正雪は、駿府《するが》国宮《みや》ケ崎《さき》の岡村《おかむら》弥右衛《やえ》門《もん》の子で、江戸の軍学者楠木不伝《くすのきふでん》に学んだ。その後、不伝を継いで神田連雀町《かんだれんじゃくちょう》の長屋（牛込榎町《うしごめえのきちょう》の説もある）で、中国の名軍師張良《ちょうりょう》と諸葛孔明《しょかつこうめい》から名をとった軍学塾「張孔堂《ちょうこうどう》」を開いた。

　連雀とは荷物を背負う用具のことで、この地域にそれをあつかう商人が集住していたのでその名が付いた。明暦《めいれき》の大火後に彼らは武蔵野《むさしの》に移住させられ、そこが現在の三鷹《みたか》市上連雀と下連雀となる。

　当時の神田連雀町は、現在のJR神田駅北西の神田須田町《すだちょう》1丁目にあたる。この辺りは江戸時代には神田川と日本橋《にほんばし》川に挟まれた交通の要所であった。この一画には蕎《そ》麦《ば》の名店「神田まつや」「かんだやぶそば」、鳥すき「ぼたん」、あんこう鍋「いせ源」や「神田志の多寿司」など、明治時代創業の老舗《しにせ》が多く残っている。

　兵乱が収まり、武士が実戦体験から遠ざかると、兵法や築城法を研究し、楠木流や甲州《こうしゅう》流、山鹿《やまが》流などの軍学が盛んになった。ちなみに、幕末の吉田松陰《よしだしょういん》も長州《ちょうしゅう》藩の山鹿流兵学師範である。正雪門下に旗本や大名の家臣、浪人など三〇〇〇人が集まったとされ、正雪は幕政に反抗的な浪人に同調した。御三家の紀州《きしゅう》徳川家藩主の頼宣《よりのぶ》が正雪の後ろ盾ともされる。軍学者は後に講釈《こうしゃく》（講談）師にもなるので、正雪はテンポの良い爽やかな弁舌であったと思われ、それに魅了されたのかもしれない。

正雪は二十一日に江戸を発ち、二十五日に駿府に着き梅屋太郎右衛門《うめやたろうえもん》方に宿泊した。だが、翌日早朝に駿府町奉行所の捕り方に宿を囲まれ、事件の発覚を知ってただちに自決した。丸橋忠弥など二六人が磔刑《たっけい》、七人が斬罪《ざんざい》となり、これを慶安の変という。

翌年の承応《じょうおう》元年（一六五二）に、元越前大野《えちぜんおおの》藩士別木《べっき》（戸次《べっき》）庄左衛門《しょうざえもん》が、浪人たちを糾合し幕府首脳の暗殺を企てたが、密告によって発覚した。連続した浪人決起未遂事件に、幕府は浪人政策を見直すようになった。

それまで嗣子《しし》のない当主の死に際し、緊急な養子縁組は認めないことが多くの浪人を出していたが、この末期《まつご》養子の禁を緩和した。さらに各藩へ浪人の採用を奨励し、武断政治から文治政治へと移行していくと、図らずも正雪らの理念に沿うことになったのだった。

いせ源

ぼたん

志の多寿司

やぶそば

明暦の大火

明暦三年（一六五七）一月十八日

本妙寺の出火が江戸を焼き尽くす

明暦三年（一六五七）一月十八日、本郷丸山《まるやま》の本妙寺《ほんみょうじ》から出た火は、前年十一月から雨が降らずに乾燥しきっていた江戸の町に燃え広がった。

出火元の本妙寺は、明治四十三年（一九一〇）に豊島区巣鴨《すがも》5丁目に移転しているが、尾張屋板切絵図「本郷繪図」を見ると西隣にある長泉寺《ちょうせんじ》は現存しているので、本妙寺があった場所がわかる。現在は文京区本郷5丁目15と16にまたがった場所で、民家になっている。

尾張屋板切絵図「本郷繪図」にある本妙寺

この「明暦の大火」が小伝馬町《こでんまちょう》の牢屋敷に迫ると、牢屋奉行石出帯刀《いしでたてわき》は独断で一二〇人あま

火元の本妙寺があった付近

りの囚人を、「鎮火後に浅草善慶寺《あさくさぜんけいじ》に戻ってきた者は、わが身に代えてでも処罰を減じてやる」と解き放った。以後、牢屋敷に火災が迫ると囚人を切り放ち、戻ってきた者は減刑されることが慣例になる。

現在の千代田区小伝馬町の牢屋敷跡である十思《じっし》公園から、台東区元浅草4―6―6にある善慶寺までは、二・五キロメートルほどで、走って逃げれば三〇分はかからない。ところが途中に浅草見附《みつけ》があり、「明暦の大火」では見附を守る役人が大勢の囚人を見て脱獄と勘違いし、門を封鎖してしまったのである。日本橋方面から北に向かって逃げてきた者も、閉門によって先に進めず二万三〇〇〇人が焼死する惨劇になった。

翌日には、小石川伝通院《でんづういん》近くの新鷹番町《しんたかばんちょう》からふたたび出火し、江戸城の天守閣も窓から火が入って焼け落ちた。さらに麹町《こうじまち》の町屋からも出火し、総死者数は一〇万人以上になった。

放火したのは幕府？

この火事には怨念《おんねん》が絡んだ話がある。

ある時、本妙寺に墓参した麻布《あざぶ》の質屋の娘が、美少年の寺小姓に一目惚れして食欲をなくした末に亡くなってしまった。両親は娘を不憫《ふびん》に思い、娘の振袖《ふりそで》を棺《ひつぎ》にかけてやった。葬儀後、この振袖は寺男たちによって古着屋に売られた。

すると、この振袖を買った娘たちも次々と亡くなった。振袖はそのたびに本妙寺に持ち込まれ、住職は娘たちを供養《くよう》するために振袖を護摩《ごま》の火に投げ込むと、火が付いた振袖が強風に煽《あお》られて舞い上がり、江戸の町を焼き尽くす大火になったというもので、別名「振袖火事」と呼ばれている。

しかし、火元の本妙寺は罪を問われることなく、より大きな寺院になっていった。本妙寺北側の老中阿部《あべ》忠秋《ただあき》の阿部家から、檀家《だんか》でもないのに毎年多額

の供養料が納められたとされる。そのことから実は火元は阿部屋敷であったが、幕閣の屋敷が失火しては幕府の威信が問われるため、本妙寺を火元にしたという話もある。

大火後、老中首座の松平信綱は、江戸の米消費を抑えるために諸大名の参勤を停止し、在府大名に早期帰国を命じた。また罹災者《りさいしゃ》のために備蓄米を放出し、材木や米の価格を統制し、武士と町人を問わず復興資金を援助し、災害復旧に力を注いだ。

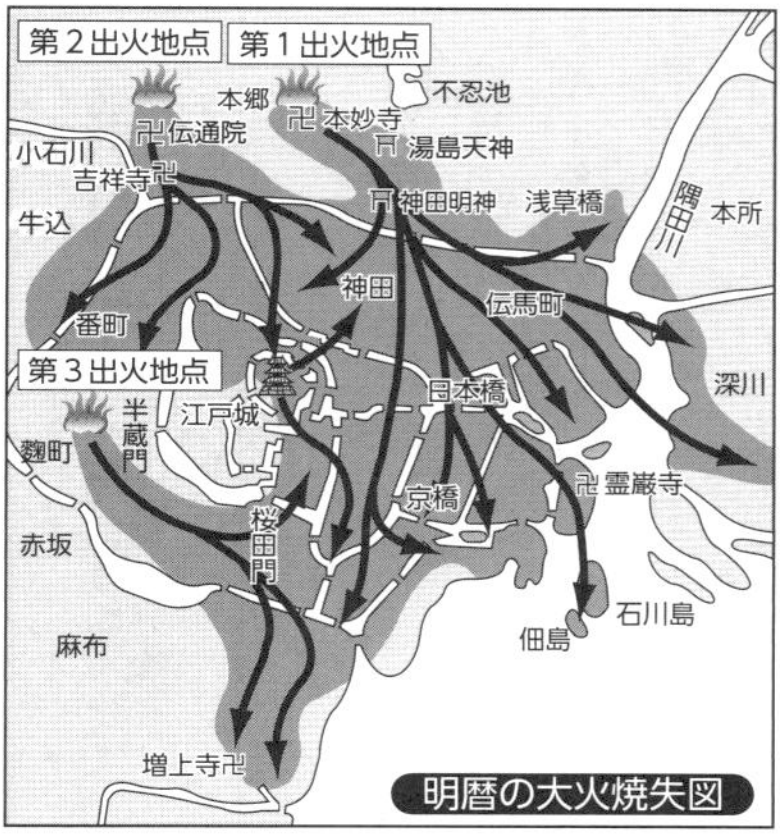

明暦の大火焼失図

また、幕府は軍事的な観点で、隅田川《すみだがわ》には千住大橋《せんじゅおおはし》しか橋を架けていなかったので、逃げ場を失った被災者に多くの焼死者を出したため、大火後には両国橋《りょうごくばし》や永代橋《えいたいばし》が架橋され、隅田川東岸に深川《ふかがわ》など新市街地が開けた。

この明暦の大火を契機にして、江戸の都市が再構築されたため、人口増加で過密になった江戸をつくり替えるために、幕府の手で放火したのではないかとも噂された。

幡随院長兵衛殺害

明暦三年（一六五七）七月十八日

江戸の“不良少年”たち

戦乱の時代に、異風を好み常軌を逸《いっ》した行動をする者を傾奇者《かぶきもの》と呼んだ。現代のヤンキーや半グレとは事情が異なるが、世が太平に向かうと傾奇者である旗本や御家人の青年武士らは、幕藩体制に順応できずに取り残され、反社会的な生き方をするようになっていった。そして、旗本が徒党を組んだものを「旗本奴《やっこ》」と呼んだ。旗本奴は独特の「六方詞《ろっぽうことば》」を使い、打ちかけるを「ぶっかける」、冷たいを「ひやっこい」、しないを「しねえ」、手前を「てめえ」などと言い、これらは現在も使われている。

幡随院長兵衛が描かれた錦絵（国立国会図書館蔵）

初期の旗本奴に、戦国の勇将で備後《びんご》国福山《ふくやま》藩主

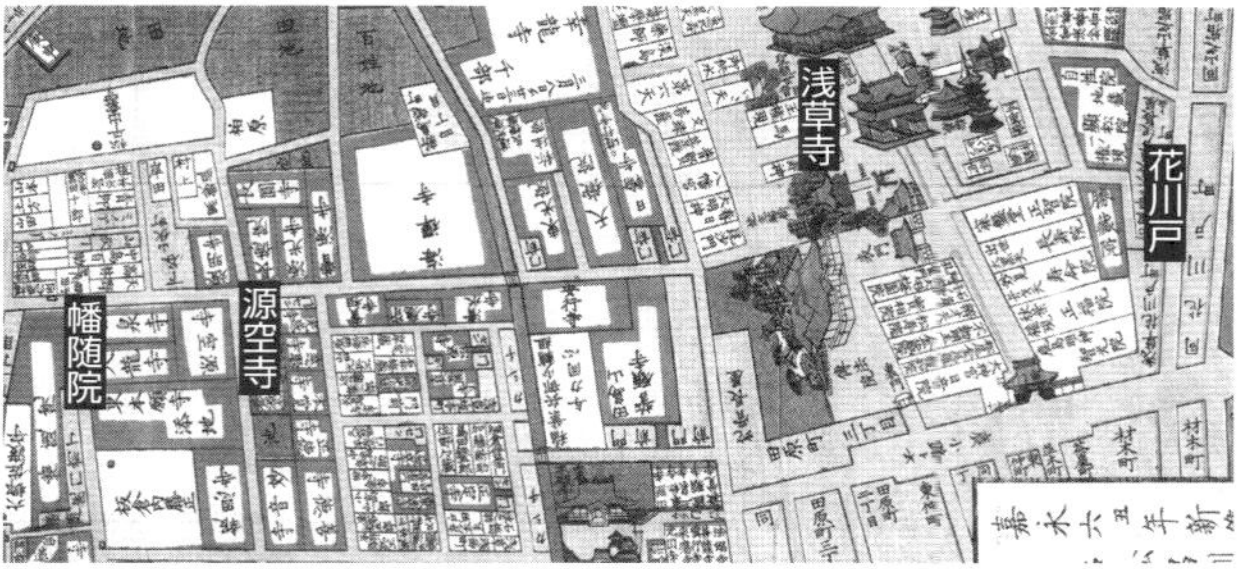

尾張屋板切絵図「浅草繪図」

水野《みずの》勝成《かつなり》の三男成貞《なりさだ》がいる。その子の十郎左衛門成之《なりゆき》は三〇〇〇石の旗本を受け継ぎ、代表的な旗本奴の「大小《だいしょう》神祇組《じんぎぐみ》」を組織した。彼らは江戸市中を異装で闊歩《かっぽ》して悪行をつくしたが、名門譜代《ふだい》の子弟や大名の加賀爪《かがづめ》直澄《なおすみ》も加わっていたため、誰も手出しができなかった。

一方、町人から旗本奴に対抗する「町奴」が登場した。彼らは旗本奴の異風を模倣し、町人に禁じられた大脇差を帯び、庶民の味方を自負していた。その頭領幡随院長兵衛《ばんずいいんちょうべえ》は唐津《からつ》藩士の子で、幡随院の住職を頼って江戸に出たとされる。浅草花《はな》川戸《かわど》で口入れ業（人材斡旋業）を営んだとするが、実像は不明である。

幡随院は、長兵衛の時代には上野池之端《うえのいけのはた》、現在の台東区上野2丁目にあった。明暦の大火で焼失し、台東区東上野4―24―12の上野学園のあたりに移転した。尾張屋板切絵図「浅草繪図」には、現在の台東区東上野6―19―2にある長兵衛の墓所源空寺《げんくうじ》も幡随院の東側にある。

源空寺にある長兵衛の墓

抗争の果てに惨殺された幡随院長兵衛

明暦元年（一六五五）、幕府は博徒《ばくと》狩りをしたが、水野らに幕吏の手は届かなかった。

少し落ち着くと水野らは再び乱行をはじめ、長兵衛一味と旗本奴の抗争が絶えなかった。明暦三年（一六五七）七月、木挽町《こびきちょう》の芝居小屋森田座《もりたざ》で両勢力は喧嘩《けんか》になり、町奴が優勢だった。水野はこの和解を口実に、長兵衛を屋敷に招いた。水野屋敷は千代田区西神田2―6―2の現在の「西神田コスモス館」あたりとされる。

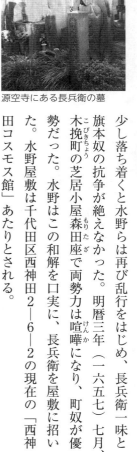

長兵衛は周囲の者から引きとめられたが「逃げては名折れになる。人は一代、名は末代」と、女房と水盃《みずさかずき》を交わして、水野の屋敷に乗り込んだ。この事件を芝居にした「極付《きわめつき》幡随院長兵衛」では、長兵衛は無防備な湯殿で水野に殺害されたとしているが、実態は旗本奴が取り巻いて長兵衛を惨殺《ざんさつ》したようだ。長兵衛は東上野の源空寺に葬られ、墓は伊能忠敬《いのうただたか》や高橋至時《たかはしよしとき》と並んでいる。

この件で水野は咎《とが》められることはなかったが、長兵衛の子分唐犬権兵衛《とうけんごんべえ》らは、水野の配下を襲って耳や鼻をそぎ落とす復讐をしていた。寛文《かんぶん》四年（一六六四）に、水野は行跡怠慢で母の実家蜂須賀《はちすか》家に預けられた。評定所に召喚されたが、公儀に屈しない意地から着流しで出頭した。老中土《つち》屋但馬守《やたじまのかみ》は、お上を恐れぬ水野の振る舞いに切腹を命じ、二歳の男子も死罪として家を断絶とした。仲間の近藤《こんどう》登之助《のぼりのすけ》、小笠原刑部《おがさわらぎょうぶ》ら悪旗本五七名は三宅島《みやけじま》や八丈島《はちじょうじま》に流された。

水野屋敷跡とされる「西神田コスモス館」

八百屋お七の放火　天和三年（一六八三）三月

事件の舞台は現在の文京区

八百屋お七《しち》は、井原西鶴《いはらさいかく》の『好色五人女《こうしょくごにんおんな》』に取り上げられ、歌舞伎や文楽などで演じられて、広く知られるようになった。八百屋お七の物語は多数あり、恋人の名や登場人物、寺の名やストーリーはさまざまである。

すべての物語に共通するのは、お七は現在の文京区本郷6丁目付近である、当時の本郷森川町《もりかわちょう》の八百屋の娘ということと、天和《てんな》二年（一六八二）十二月二十八日に駒込《こまごめ》の大円寺《だいえんじ》が火元の「天和の大火」で焼け出されたということ。避難生活中にお七と寺小姓生田庄之介《いくたしょうのすけ》が恋仲になり、やがて店が建て直されて一家は寺を引き払ったが、お七は恋人に会いたい一心で大罪を犯すということである。

歌舞伎でのお七は放火せず、恋人の危機を救うために振袖姿で火の見櫓《やぐら》に登り、半《はん》鐘《しょう》を打つというストーリーにしている。

国学者戸田茂睡《とだもすい》が当時の出来事を記録した『御当代記《ごとうだいき》』には、天和三年（一六八三）の記録に「駒込のお七付火之事、此三月之事にて廿（二十）日時分よりさらされし也」とのみ書かれている。お七という娘が放火の罪で処刑された事実はあったようだ。

お七の事件は、その数年後に出版された作者不明の見聞記『天和笑委集《しょういしゅう》』にも記されている。そこには、天和の大火で焼け出されたお七の一家は、翌年に再建された家に帰ったが、お七の庄之介への想いは募り、ふたたび家が燃えれば庄之介のいる寺で暮らすことができると考え、自宅に放火したとある。火はすぐに消し止められ小火《ぼや》にとどまったが、お七は放火の罪で捕縛され、天和三年三月二十八日に鈴ケ森《すずがもり》で火刑に処されたとしている。

八百屋お七（国立国会図書館蔵）

この『天和笑委集』は、信憑《しんぴょう》性が高いとされるが、お七が避難したとされる正仙院《しょうせんいん》は、事件の三年後に描かれた大江戸絵図にはなく、真相は不明だ。

墓石の謎

裁きで町奉行は一六歳のお七を憐れみ、罪一等を減じるため「一五歳であろう」と何度も問いただすが、お七が宮参りのお札まで見せて一六歳と主張したので、定法どおり火刑にせざるをえなかったという話もある。だが、一五歳以下の放火犯の罪を減じて遠島にすると定まったのは、八代将軍吉宗《よしむね》の時代の享保《きょうほう》八年（一七二三）である。

現在の文京区白山1—34—6に、天和の大火の際にお七一家が避難したとされる円《えん》乗寺《じょうじ》があり、お七の墓がある。文京区教育委員会の説明板には、三基の墓石の中央は寺の住職が供養に建てたもので、右側は寛政《かんせい》年間（一七八九〜一八〇一）に芝居でお七を好演した岩井半四郎《いわいはんしろう》が、左側は近所の有志たちが、お七の二百七十回忌の供養で建立したものとある。墓石にはお七の命日が「天和三　癸《みずのと》亥《い》三月二十九日没」と刻まれているが、これは処刑された日と一日ずれている。

娘を哀れに思ったお七の母は、遺体を故郷の千葉県八千代《やちよ》市萱田《かやだ》町640の長妙寺《ちょうみょうじ》に埋葬し、寺の過去帳には簡単な記載があるという。墓には「妙栄信女天和午戊《うまつちのえ》三月二十九日」とあり、ここでも一日ずれている。

また円乗寺から近い文京区向丘《むこうがおか》1—11—3に大円寺があり、享保四年（一七一九）に、お七を憐れむ人たちが供養に建立した「ほうろく地蔵」がある。説明板には、熱した焙烙《ほうろく》を被り、自ら焦熱《しょうねつ》の苦しみを受けた地蔵の姿としている。

さらに、大円寺から本郷通りを北に五〇〇メートルほど行った文京区本駒込3—19—17に大寺院の吉祥寺《きちじょうじ》があり、「お七吉三郎比翼塚《ひよくづか》」がある。お七生誕三百年記念に建てられたものだが、なぜ吉祥寺かは不明だ。

円乗寺のお七の墓

大円寺のほうろく地蔵

吉祥寺の比翼塚

浄瑠璃坂の仇討ち　寛文十二年（一六七二）二月三日

奥平家重臣の刃傷事件での不公平な処断

奥平定昌《おくだいらさだまさ》は、長篠《ながしの》の戦いで織田《おだ》・徳川連合軍の勝利に貢献した功により、織田信長《のぶなが》から信の名を賜《たまわ》って信昌《のぶまさ》と改名し、家康の長女亀姫《かめひめ》を妻とした。家康が関東へ移封されると上野《こうずけ》国で小幡《おばた》三万石を与えられ、関ヶ原合戦後には美濃《みの》国加納《かのう》一〇万石が与えられた。家康の外孫である子の家昌《いえまさ》は、宇都宮《うつのみや》一〇万石が与えられ、長篠の戦いで功のある「七族五老」の重臣一二家を中心に家臣団を形成していた。

寛文八年（一六六八）に、家昌の子忠昌《ただまさ》が死去した法要の席で、七族の一人奥平隼人《はやと》が、五老の一人奥平内蔵允《くらのすけ》を学問好きの病弱と蔑《さげす》んだことで口論となった。内蔵允は抜刀したが、隼人に逆襲されて傷を負い、切腹して自らを処していた。

半年後、藩は隼人を改易し、隼人と父の半斎《はんさい》を領外に退去させると、隼人父子は江戸の旗本大久保助右衛門《おおくぼすけえもん》の屋敷に身を寄せた。一方の内蔵允の嫡子源八《げんぱち》と内蔵允の従弟伝蔵《でんぞう》は、家禄没収の上に即日追放を命じられた。奥平家家中では、この処分を喧嘩《けんか》両成敗《りょうせいばい》からも不公平とする者が多く、源八らの助太刀を買って奥平家を去る者が多く出た。新藩主の昌能《まさよし》は思慮が足りない人物で、父忠昌の寵臣杉浦右衛門兵衛《すぎうらうえもんのひょうえ》に「まだ生きているのか」と殉死を促《うなが》したので、杉浦はただちに追腹《おいばら》を切っていた。しかし、幕府は寛文三年（一六六三）に殉死を禁止しており、御連枝《ごれんし》（家康の家系）の奥平家であったが、二万石を減封して出羽《でわ》国山形への転封を命じた。

奥平家に残っていた隼人の弟主馬允《しゅめのすけ》は、寛文九年（一六六九）七月に、隼人らに合流しようと江戸に向かったが、その情報を得た源八らの一党に、出羽上山《かみのやま》で待ち伏せされ討ち取られた。源八らが、主馬允の首を添えた果たし状を大久保屋敷に投げ込むと、隼人らは大久保屋敷にいたたまれず、居を転々と変えて市谷《いちがや》の浄瑠璃《じょうるり》坂《ざか》にある鷹匠《たかじょう》頭戸田七之助《とだしちのすけ》の屋敷に匿《かくま》われた。

現在の浄瑠璃坂

隼人と鷹匠頭戸田の関係は不明だが、当時の武士は仇として追われた見知らぬ者からでも「頼み申す」と請《こ》われれば、断ることを恥としていたのである。

源八らは浄瑠璃坂の鷹匠頭屋敷に討ち入った

寛文十二年（一六七二）二月三日未明、源八らの一党四二名は、鷹匠頭屋敷門前に火を放ち「火事だ」と叫んだ。

門番が驚いて門を開けた瞬間に、源八らは屋敷内に乱入した。源八らは、隼人の父半斎など十数人を討ち果たしたが、隼人は発見できなかったので、次の機会を待とうと屋敷から引き上げた。

この鷹匠頭屋敷は、現在の新宿区市谷鷹匠町4にあったとされ、大日本印刷の寮になっている。また、浄瑠璃坂の名の由来には、坂の上に人形浄瑠璃の芝居小屋があったという説もあるが、坂が六段になっていたことで、六段で完結する浄瑠璃にかけたとする説がある。当時の坂は、有名な九段坂《くだんざか》も階段状に仕切っており、六段の坂説が有力と思われる。

また、嘉永四年（一八五一）版の尾張屋板切絵図「市ヶ谷牛込繪図」には浄瑠璃坂はあるが、坂の上の鷹匠頭屋敷はすでにない。

尾張屋板切絵図「市ヶ谷牛込繪図」

隼人への仇討ちを断念して屋敷から引き上げた源八らが、現在のJR飯田橋《いいだばし》駅西口側にある牛込見附である牛込御門までできたところで、どこにいたのか隼人が槍をかいこみ、手勢を率いて追ってきたのである。

源八らは取って返し、たちまち乱戦になった。源八は隼人を攻め立て、隼人が船河原町《ふながわらまち》西の大溝に落ち込んだところを、槍で討ち取ったのである。源八は、隼人の首を父内蔵允の墓前に手向けるように若党に託し、自身は老中井伊《いい》直澄《なおずみ》の屋敷に出頭した。明け方に火事を装って討ち入ったことや、仇討ち後に出頭したことなどは、三〇年後の赤穂《あこう》浪士が参考にしたとされる。

源八の殊勝な態度に井伊は感銘を受け、私闘を許さない将軍家綱も罪一等を減じ、放火の罪で伊豆《いず》大島へ流罪とした。源八らは、六年後の天樹院《てんじゅいん》（千姫《せんひめ》）の十三回忌法要での恩赦を受けて赦免され、井伊家に引き取られた。

事件はこれで決着したかに思えたが、仇討ちの連鎖は続いていた。源八たちが大島に流されている間の寛文十二年四月に、備後国福山藩阿部家の家臣で隼人の叔父の本《ほん》多次郎左衛門《だじろうざえもん》と瀬兵衛《せべえ》父子、奥平家の後に宇都宮に入った松平家に仕える奥平源四郎《げんしろう》と弥市郎《やいちろう》父子らが率いる二八名が、源八の同志菅沼治太夫《すがぬまじだゆう》と上曾根甚五右衛門《かみそねじんごえもん》の二人を襲撃している。隼人の叔父ら四人の首魁は隠岐島《おきのしま》へ流されたとされる。

大日本印刷の寮になっている
鷹匠頭屋敷跡

船河原町の河岸

牛込見附跡

高田馬場の決闘　元禄七年（一六九四）二月十一日

決闘の助太刀で名を上げた中山安兵衛

後に赤穂浪士の一人として吉良《きら》邸に討ち入った堀部武庸《ほりべたけつね》は、通称の安兵衛《やすべえ》で知られる。安兵衛は、寛文十年（一六七〇）五月に、越後国新発田藩溝口家《えちごこくしばたはんみぞぐちけ》で二〇〇石の禄を受ける馬廻《うままわり》役中山弥次右衛門《なかやまやじえもん》の長男として生まれた。

だが父は、天和三年（一六八三）に、城の櫓《やぐら》から失火した責を負って溝口家を追われ、ほどなく死去した。

安兵衛は姉きんの嫁ぎ先の長井《ながい》家に引き取られ、一九歳になった元禄《げんろく》元年（一六八八）に、中山家復興を志《こころざ》し長井家の親戚佐藤新五右衛門《さとうしんごえもん》を頼って江戸へ出た。小石川牛天神《うしてんじん》下の堀内源左衛門《ほりうちげんざえもん》の直心影《じきしんかげ》流道場に入門すると、天性の剣の才を発揮して、たちまち免許皆伝を受け、堀内道場の四天王の一人と呼ばれるようになった。

安兵衛は、堀内道場で同門の儒者細井広沢《ほそいこうたく》や伊予《いよ》国西条《さいじょう》藩松平家の家臣菅野六郎《すがのろくろう》左衛門《ざえもん》と親交を深めた。とくに菅野とは意気投合し、義理の叔父と甥の関係を結んだ。元禄七年（一六九四）二月七日、菅野は同藩の村上庄左衛門《むらかみしょうざえもん》と口論になり、一時は他の藩士が止めたので仲直りの盃を交わしたが、ふたたび口論になって、十一日に幕府の弓馬調練所である高田馬場《たかだのばば》で果たし合いをすることになった。

この決闘は芝居や講談で脚色された。酒飲みの浪人安兵衛が酔い潰れて住まいの裏長屋に帰らず、菅野の置き手紙で決闘を知って高田馬場に駆け付ける。安兵衛は堀部弥兵衛《やへえ》の娘ほりからしごきを借りて襷《たすき》にし、一八人を斬ったことになっている。

「義士四七圖」に描かれた高田馬場の安兵衛（国立国会図書館蔵）

だが、実際の安兵衛は、大名屋敷への出稽古などで収入も安定していたようで、元禄三年（一六九〇）の二一歳の時には、現在の新宿区納戸町《なんどちょう》である牛込天龍寺《てんりゅうじ》竹町《たけちょう》に住むようになったという従兄弟への手紙も残っている。また、浪人ではなく、義理の叔父である菅野に保証人になってもらい、幕府御徒頭《おかちがしら》で一五〇〇石取りの稲生七郎《いのうしちろう》右衛門《えもん》の中小姓になっていた。

高田馬場の決闘で安兵衛は、闘死した菅野に代わって、西条藩の組頭丹羽弥二郎《にわやじろう》に報告書「二月二十一日高田馬場喧嘩之事《けんかのこと》」を提出しているが、ここでは二月十一日ではなく二十一日となっている。

これを要約すると、村上庄左衛門方は弟や家来で七人ほどになっていたが、菅野には若党と草履《ぞうり》取りだけだった。そこで菅野は安兵衛を訪ね「決闘に役に立つとも思えない二人で、自分が討たれた時は妻子を頼む。そして村上を討ってほしい」と申し出た。

事情を聞いた安兵衛が「お供させていただき、敵が何人いても駆け回って討ち倒します」と応じたので、菅野がこれを快諾し、四人は喜久井町《きくいちょう》を通り高田馬場へ向かった。納戸町から高田場場までは、上り坂が多い二キロメートルほどの距離である。

「二月二十一日高田馬場喧嘩之事」によると、四人は午前十一時頃に高田馬場へ入り、若党に見回らせると、木の蔭に村上の弟で鍼《はり》医者の中津川祐見《なかつがわゆうけん》と、やはり弟の三《さぶ》郎《ろう》右《え》衛門《もん》が潜んでいた。そこへ村上庄左衛門がやってきたので、安兵衛らに護衛された菅野は村上に歩み寄り、「これは珍しいところで出合ったものです」と皮肉を言うと、村上も「まことに珍しいですなあ」と白々しく応じた。村上の弟三郎右衛門が、庄左衛門の後ろから回って斬りかかろうとしたので、安兵衛が三郎右衛門の眉間《みけん》を切った。三郎右衛門はひるみながらも攻撃してきたが、安兵衛は鍔《つば》で受け、踏み込んで正面から斬り下げた。菅野と村上も斬り合っており、菅野は村上に眉間を切られる深手を負っていたが、村上の両手を傷つけており、安兵衛が村上を斬り伏せた。さらに中津川祐見が斬りかかってきて、これも安兵衛が打ち倒したという。

現在の早稲田通り。右側がかつての高田馬場

　高田馬場は跡形もないが、現在の早稲田《わせだ》通りに面した新宿区西早稲田3丁目1・2・12・14の広範囲で、馬場北側に八軒の

リカーショップ小倉屋

水稲荷神社の「堀部武庸加功遺跡碑」

茶店があり、現在は茶屋町通りになっているが、そのあたりで闘ったようだ。

　町奉行所役人に奉行所への同行を求められた安兵衛は、現在の地下鉄東西線早稲田駅の、早稲田大学側出口を出たすぐにある小倉《こくら》屋で、酒を五合枡で三杯飲み干したという話も残っている（決闘前という話もある）。小倉屋は延宝《えんぽう》六年（一六七八）の創業で、安兵衛が使った酒枡は小倉屋に残るとされるが、非公開である。高田馬場北側の水稲《みずいな》荷《り》神社には、安兵衛の武功を記念した「堀部武庸加功遺跡碑《かこういせきのひ》」もある。

吉良邸に討ち入り主君の仇を討つ

　高田馬場の決闘で、中山安兵衛の名は知れ渡った。播磨《はりま》国赤穂藩浅野《あさの》家の家臣堀部金丸《あきざね》が安兵衛を訪ね、娘ほりの婿養子として望んだ。中山家再興の望みがある安兵衛はこれを断わったが、金丸の思い入れは強く、主君の内匠頭長矩《たくみのかみながのり》に「堀部の家名は無くなっても、中山安兵衛を婿養子に迎えたい」と言上した。

武勇好きの長矩の家臣には、安兵衛と同じく堀内道場四天王の一人奥田孫太夫《おくだまごだゆう》や、槍で知られる高田郡兵衛《たかだぐんべえ》も仕えており、長矩は噂の中山安兵衛ならば中山姓のままでもよいと養子縁組を許可した。

これには安兵衛も折れ、金丸の娘ほりを妻として堀部家の婿養子に入り、浅野家の家臣に列した。元禄十年（一六九七）に金丸が隠居し、安兵衛が家督を相続。中山姓のままでいい約束であったが、安兵衛は堀部姓に変えている。安兵衛は浅野家譜代の堀部家を継ぐが新参とされ、二〇〇石の禄を受けて御使番、馬廻役となった。

ところが主君の長矩が、元禄十四年（一七〇一）三月十四日に、儀式を司る役職の高家《こうけ》の吉良義央《よしひさ》へ江戸城松之大廊下で刃傷におよび、長矩は即日切腹、浅野家は改易となった。安兵衛は奥田孫太夫、高田郡兵衛とともに「赤穂の一同が籠城の覚悟なら、城を枕にしよう」と赤穂に向かった。三人は国家老大石内蔵助良雄《おおいしくらのすけよしお》から長矩の弟大学《だいがく》長広《ながひろ》による浅野家再興を説得され、赤穂城明け渡しを見届けて江戸に戻った。

安兵衛は、本所松坂町《ほんじょまつざかちょう》の吉良邸に近い林町《はやしちょう》で、長江長左衛門《ながえちょうざえもん》と名乗って道場を開いた。本名で開いた道場なら多くの入門者があっただろうが、そうもできず数人の同志も同居した。道場跡は、現在の墨田区立川《たてかわ》3―15にある立川第二児童遊園になっていて、安兵衛公園とも呼ばれている。

元禄十五年（一七〇二）七月十八日、幕府は長矩の弟大学長広を広島の浅野宗家への永預《えいあず》けと決定した。国家老大石内蔵助以下の浅野家遺臣は、お家再興の望みが断たれた。十二月十四日、赤穂浪士四七名は吉良邸に討ち入った。安兵衛は高田馬場の決闘で帯を切られ、着物がはだけて難渋した体験から、帯に鎖を巻くことを提言していた。

堀部安兵衛が道場を構えた跡地は、立川第二児童遊園（通称安兵衛公園）になっている

安兵衛は大石の嫡男主税《ちから》が指揮する裏門組として吉良邸に突入し、二尺七、八寸の樫《かし》の柄を付けた長柄の大太刀で奮戦した。そして赤穂浪士は義央を討ち取り本懐を遂げた。

討ち入り後、安兵衛は大石主税ら一〇名とともに、伊予国松山《まつやま》藩の江戸屋敷に預けられた。幕府は赤穂浪士へ切腹を命じ、安兵衛は元禄十六年（一七〇三）二月四日に切腹した。享年三四であった。

元禄赤穂事件　元禄十五年（一七〇二）十二月十四日

浅野内匠頭の倹約が事件の発端か

元禄十四年（一七〇一）三月十四日、赤穂藩主浅野内匠頭長矩が、江戸城松之大廊下で留守居番の梶川与惣兵衛《かじかわよそべえ》と立ち話をする高家筆頭吉良上野介《こうずけのすけ》義央に「この間の遺恨、覚えたるか！」と叫んで、背後から小刀《ちいさがたな》で斬りかかった。

内匠頭は、勅使饗応《ちょくしきょうおう》役を命じられていた。将軍が年頭に高家を京へ派遣して朝廷に年賀を申し上げると、天皇は勅使を江戸に遣わして答礼するのが恒例である。饗応の複雑な作法は、吉良から指導を受けねばならなかった。

内匠頭は、天和三年（一六八三）にも勅使饗応役を務めており、その際の費用は四〇〇両であった。ところが幕府は、元禄八年（一六九五）に、勘定《かんじょう》奉行荻原重秀《おぎわらしげひで》の主導で、それまでの慶長小判二枚から元禄小判三枚を作る貨幣改鋳をしていた。貨幣価値が下がったことで物価が高騰し、元禄十年（一六九七）に勅使饗応役を務めた日向《ひゅうが》国飫肥《おび》藩では一二〇〇両を使っていたのである。

内匠頭は予算を七〇〇両としたが、吉良は「饗応役はたびたび務めるものではなく、倹約におよばない。前年や前々年の例もあり減額してはならない」とした。また将軍綱吉《つなよし》は、すでに生母の桂昌院《けいしょういん》に朝廷から従三位の官位を賜っていたが、さらに高い官位を賜りたいとしており、勅使や院使の饗応はこれまでになく重要としていた。

内匠頭と同時に院使饗応役を受けた伊予国吉田《よしだ》藩主の伊達左京亮宗春《だてさきょうのすけむねはる》は、吉良に相応の束脩《そくしゅう》（指南料）を贈っていたが、内匠頭は大判一枚、巻絹一台、鰹節《かつおぶし》一連（二本）を贈っただけで済ませ、判断を誤っていた。

浅野家上屋敷は、現在の中央区明石町《あかしちょう》10―1の聖路加《せいるか》国際大学あたり一帯で、「都旧跡　浅野内匠頭長矩邸跡」の碑が立つ。

遊歩道になっている松之大廊下跡

植え込みの中にある浅野邸跡の碑

吉良の首を洗った井戸は今も残る

刃傷後、内匠頭は老中から取調べを受けたが、内匠頭は事件にいたる発端を語らず原因は不明であった。即日、陸奥《むつ》国一関《いちのせき》藩田村右京大夫建顕《たむらうきょうだゆうたけあき》に預けられて切腹を命じられ、領地は没収された。日比谷《ひびや》通りの港区新橋《しんばし》四丁目交差点の新橋5丁目側の角に、「淺野内匠頭終焉之地」の碑が立っている。

幕府は復讐の連鎖を防ぐために、「喧嘩両成敗《けんかりょうせいばい》」を慣習としていたが、内匠頭の刃傷は喧嘩ではないと判断し、吉良に医師の手当てを受けさせて自宅に帰した。

「淺野内匠頭終焉之地」の碑

赤穂藩国家老の大石内蔵助は、主な藩士を召集して連日の協議をしたが、藩士らは喧嘩両成敗からも、浅野家だけが改易されることに納得しなかった。籠城での徹底抗戦や、一同が切腹して吉良の処分と浅野家再興を誓願する意見も出たが、大石は城を明け渡し、その後に内匠頭の弟大学長広にお家再興を願い出るとした。

大石は、浅野家家臣へ立ち退き料を分配して城を明け渡し、お家再興の嘆願運動を進めた。はからずも吉良は呉服橋《ごふくばし》御門内から本所の回向院《えこういん》裏に屋敷替えになったことで討ち入りがしやすくなり、堀部安兵衛、奥田孫太夫、高田郡兵衛の急進派の暴走が危ぶまれた。大石は江戸に向かって急進派を説得し、翌年三月の内匠頭の一周忌を、討ち入りの目途とした。

元禄十五年（一七〇二）二月、京の山科《やましな》の大石宅に浪士が集まり、大学長広の処分の決定によっては討ち入りと決め、九〇人近くが誓約文に署名した。

「誠忠義士聞書之内　討入本望之図」に描かれた討入り（国立国会図書館蔵）

七月十八日に、幕府は大学長広を広島の浅野本家へのお預けと決定した。お家再興の望みを絶たれた大石は、急進派浪士を京の円山《まるやま》に召集し、吉良邸討ち入りを決定した。この後に脱盟する者が続発し、浪士は五〇人ほどになっていた。

大石は江戸に向かった。江戸では神崎《かんざき》与《よ》五郎《ごろう》が吉良邸の裏門近くで米屋となり、前原《まえはら》伊《い》助《すけ》は隣町の相生《あいおい》町で古着屋を構えて情報を探った。現在では、吉良邸跡の裏門側の一部は、JR両国駅からほど近い墨田区両国3丁目で本所松坂町公園となっており、吉良の首を洗った「みしるし洗いの井戸」も残る。

吉良が隠居したことで、長男の米沢《よねざわ》藩主上杉綱憲《うえすぎつなのり》に引き取られる恐れもあり、浪士にも生活に困窮する者が多いことからも、討ち入りを急がねばならなかった。大高源吾《おおたかげんご》が得た情報によって、十二月十四日に吉良邸で茶会が開かれると知り、この日を討ち入り決行日とした。十四日の暮れ頃から、堀部安兵衛宅など本所の三カ所に、四七名の浪士が集結し、十五日未明に全員が安兵衛宅から吉良邸に向かった。

一行は表門と裏門の二手に分かれ、表門組は梯子《はしご》を掛けて長屋の屋根を乗り越え、裏門組は掛矢《かけや》で門を撃ち破り「火事だ！」と叫び突入した。吉良邸には一〇〇人ほどの家来がいたようだが、半数ほどが立ち向かってきた。

浪士たちは、炭小屋に隠れていた吉良を引き

吉良邸跡の本所松坂町公園

みしるし洗いの井戸

ずり出して首を討ち、本懐を遂げた。浪士に負傷者は出たが死者はなく、吉良方では上野介を含めて一六名ほどが討死《うちじに》しており、負傷者は二一名ほどとされる。

浪士一同は、内匠頭の墓がある泉岳寺《せんがくじ》に向かった。回向院で休息を取ろうとしたが断わられ、上杉家から吉良家への救援があるものと、両国橋東詰で待ったがそれはなかった。両国橋は大名たちの登城路のために避けて永代橋を渡った。一同は八丁堀《はっちょうぼり》から浅野家上屋敷の前を通って、現在の晴海《はるみ》通りを通って歌舞伎座あたりで左折する。

芝大門《しばだいもん》あたりで吉田忠左衛門《よしだちゅうざえもん》と富森助《とみのもりすけ》右衛門《えもん》が、大目付仙石伯耆守《せんごくほうきのかみ》邸へ討ち入りの報告に向かった。一同は札《ふだ》の辻《つじ》から高輪《たかなわ》大木戸を通過し、泉岳寺に至った。全長約一二キロメートルのコースである。

大石は泉岳寺門前で、寺坂吉右衛門《てらさかきちえもん》に赤穂などへ本懐を遂げたと知らせるよう命じたと思われ、寺坂は姿を消している。

寺坂は吉田忠左衛門配下の足軽で、表向きでは大石も吉田も身分が軽い者の不届きとしているが、吉田は娘婿の姫路《ひめじ》藩士伊藤十郎太夫《いとうじゅうろうだゆう》に、寺坂の世話を頼んでいた。

四六人の浪士は、内匠頭の墓前に吉良の首を供え、熊本藩細川《ほそかわ》家、伊予松山藩松平家、岡崎藩水野家、長府《ちょうふ》藩毛利《もうり》家の四家に分散して預けられた。

幕府内で討ち入りの是非が論じられたが、輪王寺門跡公弁法親王《りんのうじもんぜきこうべんほっしんのう》が「命を助けて、将来を誤ることがあれば」としたので、将軍綱吉も決断し、武士の名誉が保たれる「切腹」を許した。元禄十六年二月四日に、大石たち浪士はそれぞれの預け先で切腹し、泉岳寺に葬られた。

その後の吉良邸は、幕臣は縁起が悪いと移るのを嫌がったため、長く空屋敷になっていた。幕府は江戸の中期になって、不浄とされた吉良邸跡を牢屋敷に建てかえ、関八州の罪人で遠島以下の者を収容するようになる。

元禄赤穂事件は、人形浄瑠璃や歌舞伎でさまざまに脚色され『忠臣蔵《ちゅうしんぐら》』として実際の事件より芝居の方が定着していった。

浅野内匠頭と大石内蔵助たち浪士が葬られている泉岳寺

絵島生島事件　正徳四年（一七一四）一月十二日

大奥女中の息抜きが大事件に

正徳《しょうとく》四年（一七一四）正月十二日、七代将軍家継《いえつぐ》の生母月光院《げっこういん》に仕える御年寄（大奥ナンバー2の役職）絵島《えじま》は、主人の名代として上野寛永寺《かんえいじ》に向かい、御中﨟《おちゅうろう》（将軍、御台所の身辺の世話をする役職）の宮路《みやじ》は文昭院《ぶんしょういん》（家宣《いえのぶ》）の御霊屋《みたまや》がある芝《しば》の増上寺《ぞうじょうじ》に代参した。

大奥の御年寄の代参は、老中並の格式で行なわれ、供奉《ぐぶ》する者が一〇〇名を超えるものである。絵島と宮路は木挽町5丁目の芝居小屋山村《やまむら》座で合流した。

山村座は寛永十九年（一六四二）に開設し、初世中村勘三郎《なかむらかんざぶろう》が中橋広小路に開いた中村座、日本橋葺屋町《ふきやちょう》の市村羽左衛門《いちむらうざえもん》が座元の市村座、木挽町の森田勘弥《かんや》が座元の森田座と並んで、公許された江戸四座《しざ》の一つである。

木挽町には山村座と森田座があり、後に河原崎《かわらざき》座もできる。現在でも歌舞伎座や新橋演舞場があるように芝居のメッカと言える地である。山村座は現在の中央区銀座6—14—10のコートヤード・マリオット銀座東武ホテルあたりとされている。

大奥女中の芝居見物は禁止されていたが、休暇である宿下がりや寺社の代参の際に立ち寄るのは通例になり、後の取調べでは、絵島は月光院の許可を得ていたとしている。また、公儀御用達商人たちも、利を得るために大奥女中たちの便宜を図り、絵島はあらかじめ呉服商後藤縫殿助《ごとうぬいのすけ》の手代《てだい》に、山村座の桟敷《さじき》を予約させていた。

「新撰東錦絵」に描かれた絵島と生島新五郎（国立国会図書館蔵）

山村座では一行を二階の桟敷に案内し、人数分の弁当も用意していた。絵島らは美貌で評判の生島新五郎《いくしましんごろう》が演じる「東海道大石曾我《おおいしそが》」を観劇し、裏座敷で生島新五郎も加えての大酒宴になった。供の伊賀《いが》同心が絵島に江戸城に戻る刻限と告げ、役者たちを叱ると、絵島は逆に伊賀同心を叱りながらも帰途につく。

山村座から大奥女中が出入りする平川門《ひらかわもん》までは四キロメートルたらずだが、駕籠《かご》では一時間くらいかかったかもしれない。

平川門に着いた時には、すでに門は閉じられていたのである。

絵島は月光院の取り成しで大奥に戻れたが、老中秋元《あきもと》但馬守の耳に入ると大目付仙石丹波守《たんばのかみ》、目付稲生次左衛門《じざえもん》に調査を命じ、山村座には中町奉行坪内定鑑《つぼうちさだかね》が動いた。

事件の根には、幕閣と大奥での勢力争いがあった

この事件の根には、子のない前将軍家宣の御台所《みだいどころ》天英院《てんえいいん》と、側室だが現将軍家継の生母月光院の対立もあった。側用人の間部詮房《まなべあきふさ》は、大奥で生母と生活する幼い将軍の判断を得るため、男子禁制の大奥へ頻繁に出入りするので、噂好きの大奥では間部と月光院の関係を邪推した。

さらに譜代門閥の老中た

コートヤード・マリオット銀座東武ホテル

ちは、表向きには大奥の規律の緩みを正すとしたが、間部と儒者新井白石《あらいはくせき》の側用人体制から、施政権を取り戻す絶好の機会としていた。

絵島はお使いや宿下がりで所縁《ゆかり》もない家に宿泊したこと、みだりに人を近づけ役者と慣れ親しんだこと、他の女中たちを遊興に伴ったという罪状で厳しい尋問を受けた。

しかし、将軍家継が母月光院の指示で、幕閣に「厳しくするな」としたことで、将軍の言葉を絶対とする幕閣は従わざるをえなかった。正徳四年（一七一四）三月五日、評定所の裁決が下り、絵島は罪一等を減じられて信濃《しなの》国高遠《たかとお》藩内藤《ないとう》家にお預け、絵島の兄白井平《しらいへい》右《え》衛門《もん》は斬罪、弟の豊島平太郎《としまへいたろう》は重追放となった。

絵島が幽閉された囲み屋敷は高遠城下に復元された（伊那市観光協会提供）

山村座は取り壊し、座長の山村長太夫《ちょうだゆう》は伊豆大島へ、生島新五郎は三宅島へ流罪となったほか、旗本、奥医師、呉服商などが連座し、月光院の女中六七人も親戚に預けられた。

大奥では、この事件後に天英院派が優勢となり、二年後の正徳六年（一七一六）に家継が亡くなると、天英院が推す紀《き》伊《い》藩主徳川吉宗が八代将軍となった。

延命院事件　享和三年（一八〇三）

住職は役者出身のイケメン

谷中《やなか》にある延命院《えんめいいん》は日蓮宗《にちれんしゅう》の寺で、三代将軍家光の側室お楽《らく》の方の安産祈願をした僧日長《にっちょう》によって創建された。この時、お楽が産んだ子が四代将軍家綱となり、延命院は幕府や水戸《みと》徳川家の信仰を得ていた。

事件は「日月星享和政談」として芝居になった（国立国会図書館蔵）

延命院はJR日暮里《にっぽり》駅近くの荒川区西日暮里3—10—1の高台にある。北には富士山が望める富士《ふじ》見《み》坂があり、延命院境内の西は段丘になっていて眺望が良い立地である。延命院前の坂を下ると、懐かしい雰囲気の商店街として知られる谷中ぎんざになる。

寛政年間（一七八九～一八〇一）の延命院の住職は日道《にちどう》とも日潤《にちじゅん》ともされるが、『徳川実紀』の享和《きょうわ》三年八月の項には「谷中延命院日道僧律を犯したるにより」と日道になっている。日道は歌舞伎役者尾上菊五郎《おのえきくごろう》の子丑之助《うしのすけ》とされ、舞台にも立っていたようだ。役者の頃に八丁堀の師匠に踊りの稽古《けいこ》をつけてもらったが、そこに通う霊岸島《れいがんじま》の小間物屋の娘お梅《うめ》と知り合っていた。

その後、丑之助は二〇歳頃に出家して日蓮宗中山《なかやま》派に入門して日道となり、延命院を預かると美男美声の住職と評判になった。浄土真宗《じょうどしんしゅう》以外の僧侶や、江戸城や大名屋敷の奥女中は、異性との交わりを禁じられたが、前述の小間物屋の娘お梅が「ころ」の名で大奥御中臈《おちゅうろう》の梅村《うめむら》に奉公に上がると、日道と大奥の関係が生まれた。

寺社奉行は家臣の妹を犠牲にして捜査

日道が行なう特別行事の「通夜《つや》」は、人には言えない女性の悩みを、僧侶たちが個別に聞き届けてくれると人気であった。やがて、延命院には多数の奥女中が出入りし、夜の賑わいがあやしいという噂が流れるようになった。江戸城平川門から延命院までは上野を経由して谷中に向かっても六キロメートルほどあり、大奥高級女中の駕籠には供奉する者が付く。噂にならないほうが不思議である。

寺社奉行の一人播磨国龍野《たつの》藩主脇坂淡路守安董《わきさかあわじのかみやすただ》が調査に着手した。だが、大名が就く寺社奉行には、町奉行のような与力や同心といった捜査の実行部隊はなく、捜査には家臣が当たらねばならない。脇坂は家臣が犯罪捜査に不慣れであることから、家臣の妹に因果を含めて延命院探索を命じた。

歌舞伎狂言作者の河竹木阿弥《かわたけもくあみ》は「日月星享和政談《じつげつせいきょうわせいだん》」で、この女性を奥女中竹川《たけかわ》としている。娘は身を挺して捜査し、延命院に密室があることや出入りする女の名、奥女中から日道に出された手紙などを証拠として持ち帰った。

享和三年（一八〇三）五月二十六日、脇坂は延命院を摘発した。脇坂が六月六日に出した申し渡し（判決文）を、大田南畝《おおたなんぽ》が随筆『一話一言』で記録している。

現在の延命院

日道の供養石とされる石

そこには「右の者（日道）は一山の住職という身分も顧みず欲望に任せ、大奥部屋方下女ころと密通におよび、ころが妊娠したことを聞くと堕胎《だたい》薬を渡し、その他大名屋敷に勤める女二、三人へ艶書を送り、通夜などと言いつくろって寺に泊め、僧としての戒めを破る恥知らずな行動である。寺の普請は寺社奉行に申請したものを、勝手に変更するなど重々不届きのため、死罪を申し付ける」とある。

大奥は「秘密の女の園」とされて機密保持の力は強く、脇坂も幕府の権威からも奥女中に検挙者を出すことはできず、差し障りのない女たちに限定したようだ。延命院に出入りした大名家家臣の妻や娘を事情聴取すると、彼女たちは自害したという。

延命院の本堂右に、小さな供養石が二基あり、一つの石の表面に「行碩院日潤聖人」とあるのは、日道を供養したものとされる。幕府によって破戒の罪で斬罪に処された者が、供養されるというのはどういうことだろうか。その後、脇坂は自身の妾のことで讒言《ざんげん》にあって失脚したが、大奥の怨みからともされている。

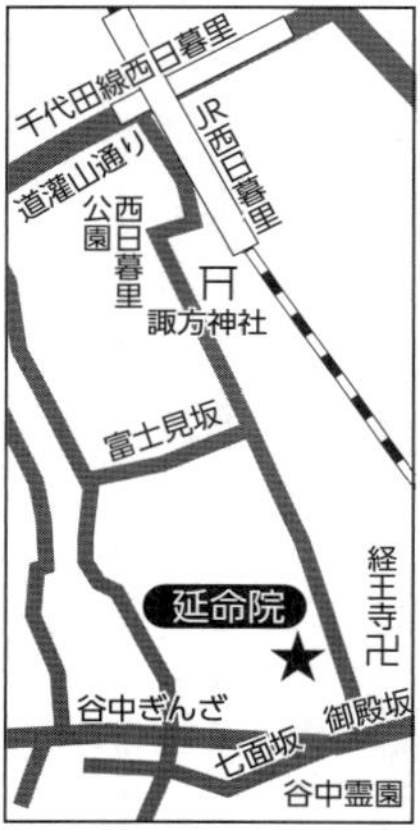

め組の喧嘩　文化二年（一八〇五）二月

「神明恵和合取組」という芝居になっため組の喧嘩（国立国会図書館蔵）

「関東のお伊勢様」と賑わった芝神明宮

芝神明宮《しばしんめいぐう》は、本来は伊勢神宮《いせじんぐう》の飯倉《いいくらの》御厨《みくりや》に創祀した神明社だったが、寛弘《かんこう》二年（一〇〇五）に伊勢神宮の内外両宮の祭神を勧請《かんじょう》したことで「関東のお伊勢様」とされた。現在は芝大神宮となって、芝大門を北に入ったすぐのビル街に社殿を構えている（港区芝大門1―12―7）。

江戸時代には、日本各地から伊勢神宮に参詣するお蔭参《かげまい》りが流行《はや》ったが、伊勢まで行けない人たちは芝神明宮に参拝した。近くに増上寺もあることで、一帯は茶店や見世物小屋、相撲興行、岡場所などで賑わっていた。

火消しと力士の大喧嘩

享保五年（一七二〇）、南町奉行大岡忠相《ただすけ》は各町が費用負担する消防の町火消し制度を定めた。町火消しは、日頃は鳶職《とびしょく》をしたり町内の手伝いをしたが、火事になれば危険を顧《かえり》みず消火に努める、男伊達《おとこだて》の職業である。

文化二年（一八〇五）二月、町火消し「め組」の頭の息子辰五郎《たつごろう》は、配下の長次郎《ちょうじろう》とその知り合い富士松《ふじまつ》をともなって、おりから芝神明宮で興行する相撲の春場所を見物しようと、木戸銭を払わずに入ろうとした。芝神明宮は、町火消し制度の上では「め組」の管轄のため、火消しには木戸御免が認められていた。だが、火消しではない富士松が無銭で入るのを、木戸番が咎《とが》めて口論になった。そこへ力士の九龍山《くりゅうざん》が木戸番に味方したので、辰五郎らは引き上げた。

芝居見物に向かった辰五郎らは、九龍山と鉢合わせし、辰五郎が巨体の九龍山を野次ると、怒った九龍山は辰五郎を投げ飛ばして芝居を台無しにした。相撲の年寄や火消しの頭が仲裁し

て、いったんは収まったが、九龍山の弟子四《よ》ツ車大八《ぐるまだいはち》が九龍山を焚《た》きつけ、部屋から力士を応援に呼ぶと、火消しも火事場支度で応戦した。

火の見櫓の半鐘《はんしょう》が打ち鳴らされ、め組の管轄三六カ町から火消しが駆け付け四時間におよぶ大乱闘になった。町奉行所から与力と同心が出動して力士と火消し三六名を逮捕し、火消し側は富士松が刀傷を受けて後に死亡し、重傷者二人を出していた。

火消しは町奉行、力士は寺社奉行の管轄のため、北町奉行小田切直年《おだぎりなおとし》、南町奉行根岸鎮衛《ねぎしやすもり》、寺社奉行脇坂安董らに勘定奉行も加わった「評定物《ひょうじょうもの》」として審理された。

増上寺境内にある「め組」の碑

九月に裁きが下り、九龍山は江戸払い、四ツ車大八は構いなし。辰五郎は百敲《たたき》の上で江戸払い、長次郎と半鐘を鳴らした長松《ちょうまつ》は江戸追放。め組の人足一六五人に罰金五〇貫文と鳶側に厳しい処分となった。これには、私闘の喧嘩を拡大させたとして、半鐘が三宅島へ遠島に処されるという、おまけがついた。

芝増上寺には消火活動で命を落とした火消しを供養する「め組」の碑もある。

近藤富蔵の鎗ヶ崎事件　文政九年（一八二六）五月十八日

蝦夷地探検の近藤重蔵、自宅の敷地問題に悩む

千島《ちしま》列島や択捉《えとろふ》島を探索したことで知られる近藤重蔵《じゅうぞう》は、御先手《おさきて》組与力の近藤右《う》膳《ぜん》の三男に生まれ、御先手組与力や火付盗賊改方《ひつけとうぞくあらためかた》与力などの武官を務めた。

第二回の学問吟味で優秀な成績を収めたことで、長崎奉行手付や支配勘定を歴任し、寛政九年（一七九七）に幕府に北方調査の意見書を提出して採用されると、寛政十年（一七九八）には、択捉島の北端に「大日本恵登呂府《えとろふ》」の木標を建てた。

広重が描いた「目黒新富士」
（国立国会図書館蔵）

重蔵は御家人から旗本に昇進して羽振りがよく、下渋谷《しもしぶや》村の農民塚原半之助《つかはらはんのすけ》から三《み》

田《た》用水沿いにある鎗《やり》ヶ崎《がさき》の土地を購入した。ここに近藤家の抱え屋敷を普請し、富士浅間《せんげん》神社の分社として富士塚を造り、付近の上目黒《かみめぐろ》村に目黒富士があったため目黒新富士と名付けた。重蔵は蝦夷《えぞ》地探検の甲冑《かっちゅう》姿を石像にしたものを作り一般に開放した。この石像は北区滝野川《たきのがわ》2―49―5の正受院《しょうじゅいん》に残っている。

江戸では、富士山への団体旅行である富士講《ふじこう》が盛んだったが、本物の富士山に行けない庶民は、江戸の各地に造営された富士塚に登っていた。目黒新富士は、現在の目黒区中目黒2―1―23にあたり、旧山手《やまて》通りが駒沢《こまざわ》通りに行きあたる鎗ヶ崎交差点から、小さな路地を入った突き当たりを右折したところにある。急な階段を上ると別所《べっしょ》坂《ざか》児童遊園になっており、現在でも眺めは良く、南隅に当時の石碑などがある。

別所坂児童遊園

別所坂児童遊園への登り口

重蔵は大坂勤番弓奉行を命じられると、大坂へ赴任するにあたり塚原半之助に抱え屋敷と庭園の管理を頼んだ。半之助は重蔵の留守中に隣接地に蕎麦屋を開業し、そこから目黒新富士が見えるように、重蔵の敷地を勝手に改造してしまっていた。

重蔵は自信過剰で放埒《ほうらつ》な言動が多く、たびたび譴責《けんせき》されていたが、大坂で放蕩《ほうとう》を繰り返し、文政《ぶんせい》四年（一八二一）には江戸に戻されて、永代小普請入りを申し渡された。

江戸に帰った重蔵は、抱え屋敷が改装されていることを知って激怒し、半之助に復元を迫った。だが、半之助は元博徒で、名声が地に落ちた重蔵を侮《あなど》って従わなかった。

重蔵は半之助を訴えて勝訴したが、半之助は無頼の者を使って重蔵に嫌がらせをしていた。これ以上に問題を起こせない重蔵は、我慢の日々を送っていた。

百姓一家七人を殺害した富蔵主従

そんな重蔵の長男富蔵《とみぞう》は、父母が離縁して父と諍《いさか》うことも多かった。父に同行して大坂に赴いた際に、そえという女に恋したが、父が許さないため出奔《しゅっぽん》し越後高田《たかだ》の最勝院《さいしょういん》に有髪で入門。別れ別れになった父子だが、富蔵は越後で不遇な父の噂を聞き、人を介して父の許しを得て江戸に戻ると、鎗ヶ崎抱え屋敷のいざこざを知った。

富蔵は半之助を討って父の窮状を救えば、そえを妻とする許しも得られると考えた。

文政九年（一八二六）五月十八日、家来の高井重治《たかいしげはる》と二人の小者を引き連れて半之助の蕎麦屋に押し掛け、半之助やその妻、母など一家七人を斬殺《ざんさつ》したのである。

この事件を、悪辣《あくらつ》な富蔵が善良な百姓一家を惨殺した事件とするものもあるが、事件を担当した吟見方与力仁杉《にすぎ》八右衛門《はちえもん》が残した記録がある。

それによると、富蔵は支配方へ「百姓身分の者が理不尽なことをしましたので、手討ちにしました」と届け出たが、七人も殺害しては、いくら旗本の嫡男でもただで済まされない。家来の高井と二人の小者は牢屋敷に収監され、仁杉の取調べを受けた。仁杉は高井の強情に三人を拷問にかけようとしたが、高井は半之助らを斬ったのは自分と若殿（富蔵）で、自分を拷問にかけるのは勝手だが、小者二人には無用とし、主人の命《めい》なら何人でも斬ると言い張った。これには仁杉も感心し、詮議を終えたという。

滝野川正受院にある近藤重蔵の甲冑姿の石像

この鎗ヶ崎事件は大きな話題になった。取り調べた評定所では、富蔵の父重蔵に対する悪印象があったのか、近藤家は改易とされて断絶した。

重蔵は近江《おうみ》国大溝《おおみぞ》藩分部《わけべ》家に預けられ、富蔵は八丈島へ流罪となったのである。家来の高井は江戸十里四方の追放となり、小者二人は構いなしとされた。

この頃、外国勢力が頻繁に日本に迫っており、重蔵には北方防衛策をなし得るのは自分以外にないという強烈な自負があった。大名家への預かりの身を気にすることもなく、いずれ返り咲くことを思って、好きな肉食を要求し、分部家は思わぬ出費を強いられたという。だが重蔵は、文政十二年（一八二九）六月に死去した。

富蔵も重蔵の剛胆な気性を受け継ぎ、小伝馬町の牢に入れられながらも驚くべき食欲を見せたという。八丈島に流された富蔵は、仏道に励みながら島の地理や風俗を『八丈実記』七二巻に集成した。後に、民俗学者の柳田《やなぎた》國男《くにお》は、富蔵を日本での民俗学の草分けと評している。

富蔵は、明治十三年（一八八〇）に赦免されて本土に戻ったが、二年後には島に帰って生涯を終えた。

護持院ヶ原の仇討ち

弘化三年（一八四六）八月六日
天保六年（一八三五）七月十三日

剣客井上伝兵衛の不覚

井上伝兵衛《いのうえでんべえ》は、直心影流藤川弥次郎右衛門《ふじかわやじろうえもん》の門下で三傑の一人とされた剣の名手である。御徒士《おかち》の職を養子に譲り、下谷車坂《したやくるまざか》に道場を開いていた。

現在の昌平橋

天保《てんぽう》九年（一八三八）十二月二十三日、井上は駿河台《するがだい》の旗本から茶会に招かれ、ほろ酔いで帰宅した。この夜は雨のため傘を差し、もう一方の手に茶壺を提げていた。

途中の昌平橋《しょうへいばし》を渡ったところで背後から斬られ、振り向いたところを脇腹を突き抜かれた。井上は刀を杖にして自身番（町の番所）に逃れ、「車坂の井上だ」と言って息絶えた。

昌平橋は、寛永《かんえい》年間（一六二四～一六四四）に神田川に架けられ、当初は一口橋《いもあらいばし》と呼ばれていたが、元禄三年（一六九〇）に将軍綱吉が湯島聖堂《ゆしませいどう》を建設した際、孔子《こうし》の生誕地昌平郷に因《ちな》んで昌平橋と名づけられた。昌平橋から下谷車坂までは二キロメートル足らずの距離だが上り坂の多い道である。

鳥居耀蔵の妨害をうけながらも仇を討つ

伊予国松山藩松平家に仕える井上の弟熊倉伝之丞《くまくらでんのじょう》は、兄の仇討ちをするために主家を辞し、井上道場の師範代小松典膳《こまつてんぜん》は伝之丞に加勢を申し出た。

井上の門下に目付の鳥居耀蔵《とりいようぞう》がいた。鳥居は水野忠邦《ただくに》が進める天保改革に協力し、南町奉行矢部定謙《やべさだのり》を讒言《ざんげん》によって失脚させ、後任の南町奉行になって執拗に庶民を弾圧した。庶民は耀蔵と任官した甲斐守《かいのかみ》をもじって妖怪《ようかい》と呼んでいた。

本庄茂平次《ほんじょうもへいじ》も井上の門人である。茂平次は長崎で小役人をしていた時に抜け荷に加担して追放された小悪党だが、鳥居の家臣になっていた。江戸郊外の徳丸ヶ原《とくまるがはら》で洋式砲術調練を成功させた高島秋帆《たかしましゅうはん》が逮捕されたのも、この二人の企みからであった。

伝之丞は兄が茂平次を面罵《めんば》していたことを知り、茂平次が鳥居の奸計に加担させようとしたのを井上が断わり、密計が洩《も》れるのを恐れて井上を葬ったと推測できた。伝之丞が問い詰めると茂平次は姿を消し、伝之丞は殺害されてしまった。

伝之丞の子伝十郎《でんじゅうろう》が茂平次の行方を捜索したが、鳥居が松平家に苦言を申し入れたことで伝十郎は主家を追われ、小松は理由もなく逮捕された。

天保改革が頓挫《とんざ》し、幕閣の大勢が反水野になると、鳥居は素早く反水野派に寝返って保身を図った。天保十四年（一八四三）九月に水野は老中を解任されたが、翌年の弘化《こうか》元年（一八四四）六月に老中首座に再任された。水野は自分を裏切った鳥居を許さず解任し、鳥居は、翌年二月に多くの冤罪《えんざい》事件を有罪とされ、讃岐国丸亀《まるがめ》藩京極《きょうごく》家に預けられた。茂平次は長崎で捕らえられて江戸へ送られ、評定所は江戸払いとした。

伝十郎と釈放された小松は、弘化三年（一八四六）八月六日に、茂平次が町奉行所から追放され、弱った身体の養生に四谷《よつや》の知り合い宅へ駕籠で向かうと知り、茂平次を護持院《ごじいん》ヶ原《はら》二番原で待ち受けた。

護持院ヶ原とは、五代将軍綱吉が元禄元年（一六八八）に建造した護持院に由来する。享保二年（一七一七）に護持院が焼失すると、五万坪におよぶ跡地は火除地となって護持院ヶ原と呼ばれ、さらに江戸城北方の地も火除地に加え、一番原から四番原までの広大な原になっていた。

伝十郎と小松が茂平次を待ち受けた護持院ヶ原二番原は、現在の千代田区神田錦町《にしきちょう》などに相当し、ここで茂平次を討ち果たした事件を「護持院ヶ原の仇討ち」と呼ぶ。

もう一つあった「護持院ヶ原の仇討ち」

森鷗外《もりおうがい》の小説『護持院原の敵討』はもう一つの護持院ヶ原の仇討ち『山本復讐記』をもとに書かれた。

天保四年（一八三三）十二月二十六日の夜、姫路藩酒井《さかい》家の上屋敷で御金奉行山本《やまもと》三右衛門《さんえもん》が宿直中に殺害された事件は、中間亀蔵《かめぞう》が金を奪おうとした犯行と判明した。

三右衛門の嫡子宇平《うへい》と姉りよは、仇討ちを願い出て許され、叔父山本九郎右衛門《くろうえもん》が助太刀となって、亀蔵の顔を知る小者の文吉《ぶんきち》を供にして仇討ちの旅に出た。女性のりよは同行を止められ、敵が見つかった時に加わることになった。

三人は亀蔵の故郷伊勢から大坂や四国を巡るが、九郎右衛門が病に倒れて養生する間に、仇討ちに懐疑的になった宇平は、一人で探索の旅に出るとして音信が絶えた。

九郎右衛門と文吉は江戸に戻り、天保六年（一八三五）七月十三日に浅草の髪結床で亀蔵を発見し、二人は亀蔵のあとをつけ護持院ヶ原で声を掛けた。亀蔵は人違いと言い張るが文吉が亀蔵と確認し、九郎右衛門は亀蔵を捕縛した。旗本酒井家に奉公するりよを呼び亀蔵を解き放った。りよは父の形見の短刀を突き入れ、九郎右衛門が留めを刺して本懐を遂げた。

りよは亡父の家禄を安堵され、酒井家の家老本多家に仕える九郎右衛門は、本藩で一〇〇石取りに取り立てられ、文吉は四両二人扶持《ぶち》の士分に登用された。仇討ちの場に居合わせなかった宇平は、押込隠居を申し付けられたという。

護持院ヶ原であった神田錦町

安政の大地震　安政二年（一八五五）十月二日

ディアナ号の遭難で洋式造船技術を習得

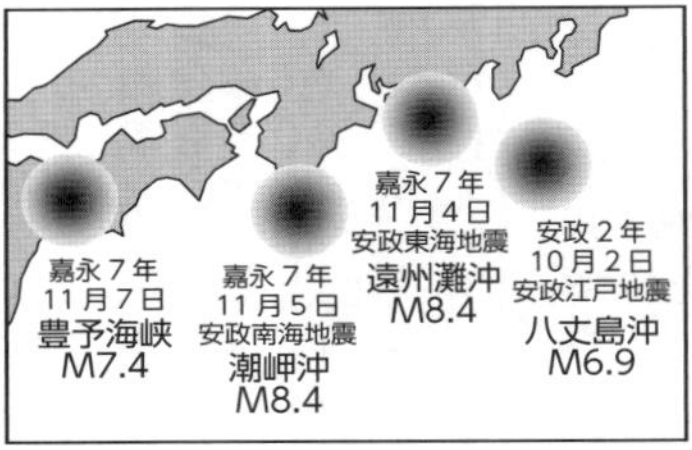

嘉永七年（一八五四）十一月四日、遠州灘《えんしゅうなだ》沖を震源とする「安政《あんせい》東海地震」が発生した。翌五日に潮岬《しおのみさき》沖が震源の「安政南海地震」が、七日に豊予《ほうよ》海峡が震源の大地震が三連続して起こった。

この時、ロシアのプチャーチンがディアナ号で来航しており、十一月三日に下田《しもだ》の福泉寺《ふくせんじ》で川路聖謨《かわじとしあきら》らと会見し、四日の東海大地震の津波によって、下田港に碇泊したディアナ号の船底は大破した。幕府はディアナ号修理に西伊豆の戸田《へだ》に回航させるが、ディアナ号は宮島村《みやじまむら》沖で沈没し、沿岸漁民が乗員を救出していた。

幕府はプチャーチンに帆船建造を許可し、日本人船大工や鍛冶屋に協力させた。翌年三月には一〇〇トン二本マストのスクーナーが完成し、ヘダ号と名付けた。プチャーチン一行は外国船もチャーターしてロシアへ帰り、ヘダ号建造で技術を習得した船大工たちは、日本の洋式帆船建造を牽引していった。

母を救った藤田東湖が圧死

翌年の安政二年（一八五五）十月二日夜十時頃、八丈島付近を震源とする地震が発生し江戸は大きく揺れた。直後に発生した火災でさらに被害が拡大、吉原《よしわら》も炎上した。

現在のJR水道橋駅北側の後楽園一帯は水戸藩邸で、藩主斉昭《なりあき》の側用人藤田東湖《ふじたとうこ》は、地震から一度は脱出したが、母が火鉢の火を心配して邸内に戻った後を追い、落下してきた梁《はり》から母を庇《かば》って脱出させ、その後に力尽き圧死していた。「藤田東湖護母致命の処」の案内板は白山通りに面した後楽園東端にある。

「藤田東湖護母致命の処」の案内板

安政の大地震は、被害の大きい安政江戸地震を指すことが多いが、地震の規模は前年の三地震の方が大きいとされる。

桜田門外の変　安政七年（一八六〇）三月三日

ペリー来航で権威を失った幕府

嘉永六年（一八五三）六月三日午後五時頃、アメリカ東インド艦隊司令官M・C・ペリーが、日本と通商を開く決意も堅く、四隻の黒船を率いて来航した。ペリーは、翌年三月三日に「日米和親条約」を締結したが、日本側が頑《かたく》なに貿易を拒否する態度に、時期尚早と判断して帰って行った。

おりしも、将軍家慶《いえよし》の死で家定《いえさだ》が十三代将軍を継承したが、家定は国の難局に対処できる人ではなかった。そのため、子のない家定に聡明な世子《せいし》を立てて処理させようとする意見が起こり、御三家水戸藩主徳川斉昭の七男で、御三卿の一橋《ひとつばし》家を継ぐ慶喜《よしのぶ》を擁する派と、御三家紀州藩主徳川慶福《よしとみ》（家茂《いえもち》）を擁する派が対立した。

アメリカ領事ハリスは、幕府にペリーが果たせなかった通商条約の締結を求めたが、幕府は国家の重大問題を決定することは荷が重く、将軍世子問題と外国との通商の二大難問を、伝統的な権威がある朝廷に持ち込んで解決しようとした。これによって、幕府は政務専決権を放棄したことになり、これまで政治的な発言を禁じられた朝廷が国事決定権を持つことになった。

井伊大老の安政の大獄

一八四二年八月、隣国の清《しん》国は、イギリスとのアヘン戦争に敗れ、さらに一八五六年のアロー号事件がきっかけで列強の標的にされつつあった。イギリスの次の標的は日本だという噂が流れると、ハリスは幕府に通商条約を締結すれば、アメリカがイギリス、フランスとの調停役を引き受けると申し出た。

将軍家定は一橋慶喜を嫌い、従兄弟である紀州慶福を世子にしたいと、彦根《ひこね》藩主井伊直弼《なおすけ》を大老に選んだ。井伊はハリスとの交渉役井上清直《きよなお》と岩瀬《いわせ》忠震《ただなり》に、引き延ばしが難しい場合は「日

井伊直弼（国立国会図書館蔵）

米修好通商条約」の調印も認めたので、二人は安政五年（一八五八）六月十九日に調印し、井伊は条約の締結と紀州慶福を家定の世子と公表した。

水戸斉昭と慶篤《よしあつ》、尾張慶勝《よしかつ》、越前慶永《よしなが》（松平春嶽《しゅんがく》）、一橋慶喜らは、日米修好通商条約の締結を朝廷の勅裁がない違勅調印として井伊を糾弾した。だが井伊は、将軍家の一門が幕政の足を引っ張ることを苦々しく思い、彼らに隠居や蟄居《ちっきょ》を命じた。

朝廷は、勅許のない条約締結や水戸斉昭などの処分に遺憾《いかん》とする密勅を水戸藩に出すが、親幕派の九条尚忠《くじょうひさただ》は、この密勅をあまりかどかどしく取らないようにという別紙を添えて幕府にも送ったため、秘密ではなくなっていた。

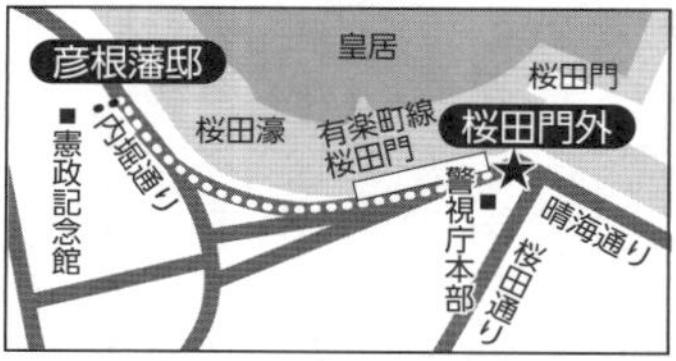

現在の桜田門外

危機意識を強めた井伊は、朝廷に圧力をかけ、公家や諸藩士を処罰する「安政の大獄」を始めると、多くの処罰者を出した水戸藩を中心にして、井伊の暗殺計画が練られた。

安政七年（一八六〇）三月三日は上巳《じょうし》の節句（桃の節句）の総登城日で、関鉄之介《せきてつのすけ》ら水戸脱藩浪士一七人と、薩摩《さつま》浪士有村次左衛門《ありむらじざえもん》は愛宕山《あたごやま》に集結し、雪の中を登城する井伊を桜田門外で襲撃し殺害した。

井伊の彦根藩邸は、現在では桜田濠沿いにある憲政記念館になっている。ここから桜田門までは五〇〇メートルほどだが、主人が襲撃される騒動がわからなかったようだ。現在では警視庁本部が桜田門付近にあるが、これは昭和六年（一九三一）に日比谷濠端から移転したもので、桜田門外の変と関係はない。

井伊は密偵の報告で、彼らの不穏な動きを知っており、当日の朝にも井伊邸へ計画を知らせる文《ふみ》が投げ込まれていた。だが、幕政を預かる者が規則を破ることはできないとして、登城での供回りも通常のものであった。

白昼の大老暗殺は政局を動揺させ、井伊の思惑とは裏腹に、幕府の権威をさらに失墜させてしまった。

「大老彦根侯ヲ襲撃之図」（国立国会図書館蔵）

坂下門外の変　文久二年（一八六二）一月十五日

人質にされた皇女

桜田門外の変で大老井伊直弼が暗殺された後の、困難な政局の舵《かじ》取りを担った安藤《あんどう》信正《のぶまさ》と久世《くぜ》広周《ひろちか》は、弾圧政治からは何も生まれないと覚った。

現在の坂下門

朝廷が国民の間に根強い力を持つことを実感したことで、朝廷と幕府が協調路線をとる公武合体を推進した。幕府は孝明《こうめい》天皇の異母妹和宮《かずのみや》の、将軍家茂への降嫁を望み、国民の反幕気分を和《やわ》らげようとした。

将軍夫人に皇女を迎える策は、九条関白家の家臣島田《しまだ》左近《さこん》から井伊の謀臣長野《ながの》主膳《しゅぜん》へ語られたが、井伊は公武合体の名の下《もと》に皇女を人質とし、幕府に政治専制権が委任されていることを、朝廷に再認識させようとしていたとされる。

幕府からの和宮降嫁要請を受けた朝廷は、和宮が六歳の時に有栖川宮熾仁親王《ありすがわのみやたるひと》と婚約していたことで議論が紛糾した。だが、岩倉具視《いわくらともみ》が幕府の無理を聞いてやることは朝廷の権威を回復させる好機と献策し、これを孝明天皇が受け入れて、幕府に蛮夷《ばんい》拒絶の条件を出して許可した。

だが、水戸藩を中心とした尊王攘夷派の志士たちは、幕府の方針が朝廷と幕府の協調路線に転換したことを理解せず、孝明天皇を廃位させるために和宮を人質に取るものと解釈した。万延《まんえん》元年（一八六〇）七月には、水戸藩の西丸帯刀《にしまるたてわき》らと、長州藩の桂小五郎《かつらこごろう》らは連帯して行動することを約束したが、長州藩で長井雅楽《ながいうた》の公武合体論が藩の方針となって連携が困難になり、水戸藩士は単独で安藤を襲撃することになった。

なぜ幕府宰相の襲撃事件が連続するのか

文久《ぶんきゅう》二年（一八六二）一月十五日、安藤が登城する行列が坂下門外に差しかかると、水戸脱藩浪士ら六人が襲撃した。桜田門外の変と同様に、直訴《じきそ》を装って行列の前に飛

び出し、駕籠への銃撃を合図に行列に斬り込んだ。だが、安藤も桜田門外の変を教訓にして警護の士に剣の達人を厳選していた。平山兵介《ひらやまひょうすけ》が駕籠に突き入れた刀で、安藤は背中に軽傷を負ったが、素足で坂下門内に逃げ込んだ。

坂下門は西ノ丸大手門と内桜田門との間にあり、江戸城西ノ丸造営時に造られたとされ、西ノ丸への通用門として利用されていた。現在は宮内庁への出入口となっていることで、昭和四十六年（一九七一）九月と、昭和五十年（一九七五）七月の二度にわたり、反皇室闘争を激化させる新左翼によって、皇室へのテロ未遂事件も起こっている。これほど襲撃事件が多発する場所も珍しい。

浪士らは目的を遂げることなく闘死したが、連続する幕閣の襲撃事件は、幕府権威の失墜を加速させた。桜田門外の変で井伊家は十万石を減封されたが、坂下門外の事件では安藤が背に負傷し逃げたことで、磐城平《いわきたいら》藩は二万石を減封された。

東禅寺事件

文久元年（一八六一）五月二十八日
文久二年（一八六二）五月二十九日

江戸の府内で外国人襲撃が続く

安政五年（一八五八）に、幕府はアメリカ、オランダ、ロシア、イギリス、フランスと立て続けに修好通商条約を結び、翌年から貿易が始まった。だが、流通構造の変化や輸出品の不足などから物価が急騰し、幕府の開国政策に反対する者たちは尊王攘夷を掲げ、在日外国人の排除を主張した。

安政六年（一八五九）に、日露国境策定の交渉で江戸に来航したロシア艦隊の海軍少尉と水兵が、横浜の波止場近くで数人の日本人に襲われて死亡したのが外国人殺害事件の最初で、以後は頻発した。

現在の東禅寺

水戸浪士による襲撃（第一次東禅寺事件）

安政六年（一八五九）に、イギリスはオールコックを総領事として高輪東禅寺《とうぜんじ》に領事館を開設した。翌年の十一月に、彼が公使へ昇進したことで公使館となっていた。

東禅寺は、港区高輪3―16―16にある臨済宗《りんざいしゅう》妙心寺《みょうしんじ》派の寺院で、寛永十三年（一六三六）に赤坂《あかさか》から現在地に移った。当時は眼前に江戸湾が広がっていたとされ、幕府が外国人宿舎を寺院に割り当てた際に、イギリス領事館になっていた。

文久元年（一八六一）五月、オールコックは長崎から江戸へ向かう際、条約で国内旅行権が認められたことで陸路を旅していた。このオールコックの行動に、水戸脱藩の攘夷派浪士有賀半弥《ありがはんや》らは「夷狄《いてき》に神州が穢《けが》された」と憤激し、五月二十八日午後十時頃に東禅寺のイギリス公使館を襲撃した。

オールコックは難を逃れたが、書記官オリファントら二人が負傷した。公使館警備の旗本や大和郡山《やまとこおりやま》藩士、三河西尾《にしお》藩士らに二名の死者を出していた。浪士側は有賀半弥ら三名が死亡し、品川の旅籠《はたご》虎屋に逃げた者は包囲され、多くの者が切腹した。

オールコックは攘夷運動の熾烈さを認識したが、幕府に対してイギリス水兵の公使館への駐屯、日本警備兵の増強、賠償金一万ドルを要求し、幕府はそれに応じた。

松本藩士の英国兵殺害（第二次東禅寺事件）

第一次東禅寺事件後、オールコックは幕府の警護が期待できないと、公使館を横浜に移した。しかし、オールコックが一時帰国したので、代理公使ジョン・ニールは東禅寺に公使館を戻し、幕府は大垣《おおがき》藩、岸和田《きしわだ》藩、松本《まつもと》藩に警護させた。

文久二年（一八六二）五月二十九日、東禅寺警備の松本藩士伊藤軍兵衛《いとうぐんべえ》は、藩が多額の出費を強《し》いられ、外国人のために日本人同士が殺しあうことを憂え、公使を殺害して自藩の東禅寺警備の任を解こうとした。伊藤はニールの寝室に向かったがイギリス兵に発見され、二人を斬殺したものの負傷して自刃した。

幕府はイギリスと賠償金交渉を行なったが、その最中に生麦《なまむぎ》事件が発生してその対応に追われ、翌年に生麦事件の賠償金に一万ポンドを加えて支払った。

ヒュースケン殺害事件　万延元年（一八六〇）十二月五日

薩摩藩士らに殺害されたオランダ人通訳

幕府は修好通商条約の締結を、米英仏露とオランダで打ち切る予定で、ベルギーやスイス、プロイセンとの条約締結はありえないとしていた。

ヒュースケンが襲われた中ノ橋

アメリカ総領事ハリスの秘書兼通訳ヒュースケンは、アメリカ国籍のオランダ人で、日本側が理解できるオランダ語が使えるため、各国の通訳の手助けをしていた。

ハリスが開港延期を条件にして、幕府にプロイセンとの条約締結を求め、万延元年（一八六〇）十一月に、条約締結が決定したが、日本側は煮え切らなかった。

十二月五日、ヒュースケンはプロイセン王国使節団と夕食をとり、午後九時頃に、彼らの宿舎赤羽《あかばね》接遇所からアメリカ公使館のある善福寺《ぜんぷくじ》へ向かった。騎馬のヒュースケンを、日本側から騎馬の役人三人と従者が警護していた。

一行が古川《ふるかわ》に架かる中ノ橋に差し掛かると、近辺に潜んだ薩摩藩士伊牟田尚平《いむたしょうへい》ら八名が襲い掛かった。賊はヒュースケンを警護する武士を退け、ヒュースケンは両脇腹を斬られて落馬し、アメリカ公使館に運び込まれたが、翌日に死去した。

中ノ橋は港区東麻布1―30にあり、渋谷川がこの付近では古川と呼ばれた。古川に架かる橋は、上流から二の橋、一の橋、中ノ橋、赤羽橋とあり、幕末に事件が頻発した区域である。現在、中ノ橋のたもとには東京消防庁の寮が建っている。
各国外交官はヒュースケンの死を悼《いた》み、遺体はアメリカ国旗に包まれて、土葬ができる南麻布光林寺《こうりんじ》に埋葬された。幕府はヒュースケンの母ジョアンネに、ヒュースケンの慰労金とジョアンネの扶助料として一万ドルの弔慰金を支払って事件を落着させた。

英国公使館焼き討ち　文久二年（一八六二）十二月十二日

長州藩士が焼き討ちを決行

「東都名所御殿山花見品川全圖」（国立国会図書館蔵）

ヒュースケンの暗殺により、各国公使は寺院を間借りしたものではない公使館の建設を幕府に要求した。幕府は公使館用地として深川や品川御殿山《ごてんやま》を候補に挙げ、文久元年（一八六一）に、御殿山へ建設することで諸国公使と同意した。

御殿山は、古くは太《おお》田《た》道灌《どうかん》が城を築いて居住し、徳川歴代将軍も鷹狩りの休息所として利用していた場所である。

元禄十五年（一七〇二）の火事によって御殿が焼失したことで廃され、一万一五〇〇坪の地に六〇〇〇本の桜を移植すると、錦絵にも描かれる景勝地となり、江戸市民の行楽地となった。幕末には山の北側の土を削り、台場築造の埋め立て用土砂の採取場になっていた。

公使館建設に、品川宿は反対の意見書を提出したが、幕府は列国の要求を呑み、文久二年（一八六二）八月から英国公使館の建設がはじまり、十二月にはほぼ完成していた。英国公使館は洋風建築で周囲に深い空堀と高い柵を巡らして跳橋《はねばし》を設け、攘夷派志士の襲撃に備えた堅固な構造であった。

長州藩の高杉晋作《たかすぎしんさく》らは、勅使の三条実美《さんじょうさねとみ》と姉小路公知《あねがこうじきんとも》が、幕府に攘夷断行を促《うなが》すべく江戸に滞在している間に、幕府が攘夷を決行せざるをえないようにするため、横浜の居留地にいる外国人の襲撃を計画した。これは長州藩世子の毛利定広《さだひろ》から説得されて中止したが、高杉と同志の久坂玄瑞《くさかげんずい》は、藩主毛利慶親《よしちか》父子へ「御殿山ノ夷館ヲ取リ除クベシ」と英国公使館焼き討ちを献策し、勅使らが江戸を離れると実行した。

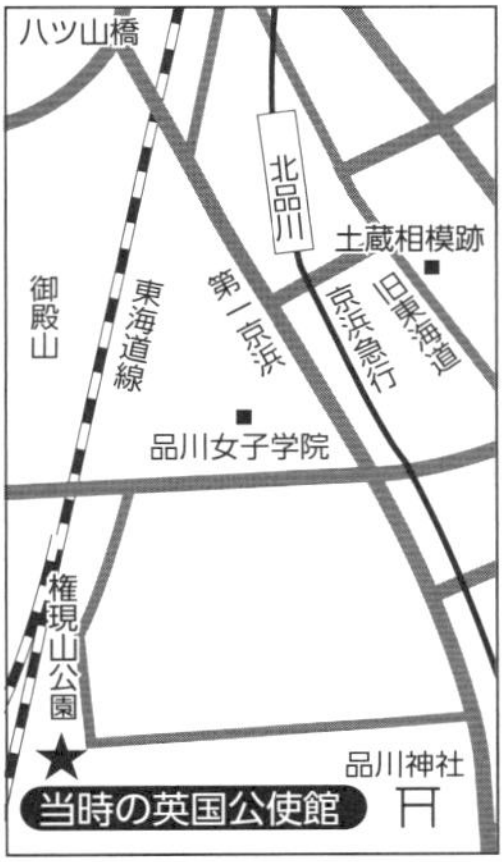

権現山公園

後に新政府の重鎮になる井上と伊藤

十二月十二日の夜、高杉、久坂、井上馨《かおる》、伊藤博文《ひろぶみ》ら若い長州藩士たちは、品川宿の旅籠相模屋《さがみや》に集合した。この相模屋は品川区北品川1―22―17にあった土蔵造りの旅籠で、土蔵相模と呼ばれて飯盛女《めしもりおんな》を置く妓楼《ぎろう》の一面も持っていた。

完成間近の英国公使館の、放火を担当した井上と伊藤は、空堀を乗り越えて鋸《のこぎり》で柵を切って侵入し、鉋屑《かんなくず》に焼玉《やきだま》を仕込んで縁の下に置き全焼させた。彼らは犯行後に芝《しば》浦《うら》の「海月楼《かいげつろう》」に逃げ込み、燃えさかる御殿山を見ながらどんちゃん騒ぎをしている。幕府は長州藩関係者の犯行と目星を付けていたが、何ら処罰的な対応はできなかった。

土蔵相模の古写真（国立国会図書館蔵）

コンビニになった現在の土蔵相模

明治の新政府で重鎮になった井上と伊藤は回顧録で焼き討ちを語っている。井上は「なぜ若い頃は攘夷論者だったのか」と尋ねられ「あの頃はああでなけりゃならんかったのだ！」と、怒ったように言っている。

塙忠宝暗殺事件　文久二年（一八六二）十二月二十一日

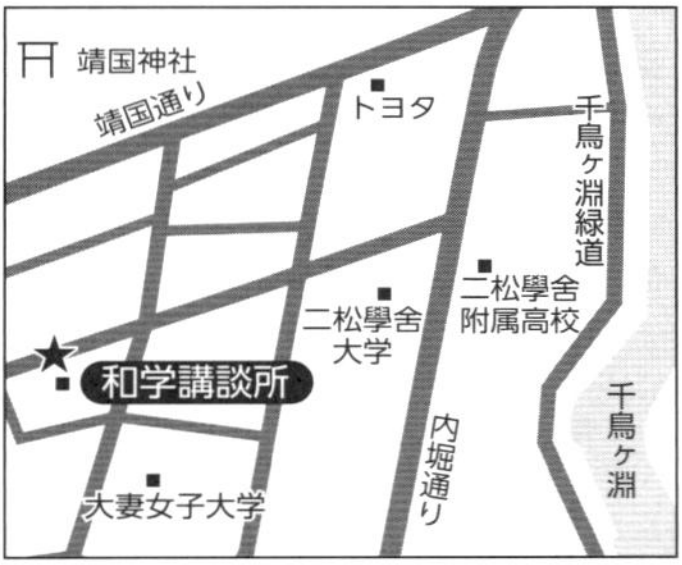

テロリストだった伊藤博文

塙忠宝《はなわただとみ》は、盲目の国学者塙保己一《ほきいち》の四男で、父に協力して『武家名目抄』を、父の死後には『続群書類従』を編纂し、幕府の和学講談所御用掛であった。

忠宝は、文久二年（一八六二）に老中の安藤信正から幕命を受けた。過去（寛永《かんえい》以前）の外国人待遇の式典事例を調査せよというものである。しかし、これが孝明天皇の廃位を目的に「廃帝の典故（よりどころとなる故事）」を調査しているのではないかと噂され、尊王攘夷派志士たちを大いに刺激することになった。

この頃の長州藩士伊藤博文は、攘夷派志士として凶暴になっていた。文久二年十二月十二日には、品川御殿山の英国公使館焼き討ちに参加し、さらに二十一日には山尾《やまお》庸三《ようぞう》とともに塙忠宝を暗殺するなど、テロリストとして奔走していた。伊藤と山尾は、塙忠宝暗殺では事前に国学入門を希望するとして塙宅に赴き、忠宝の顔を確認する周到さであった。

二十一日、塙は駿河台の幕臣中坊陽之助《なかぼうようのすけ》邸で開かれた和歌の会に出席し、自宅兼和学講談所の前まで帰ったところを、知人の加藤甲次郎《かとうこうじろう》とともに襲われ、翌日に死亡した。和学講談所跡は、文化《ぶんか》二年（一八〇五）に富士見町から千代田区三番町《さんばんちょう》24の現在地に移り、少し前までは「塙保己一和学講談所跡」の説明板などがあった。

文久三年（一八六三）に伊藤博文と井上馨、山尾庸三ら五名は、藩命によって密航してイギリスに留学した。伊藤と井上はイギリス海軍視察で攘夷の無謀さを思い知り、翌年には新聞で四カ国艦隊が下関《しものせき》攻撃を準備するのを知り、急いで帰国した。山尾はイギリスに残って造船技術などの工学を学び、明治元年（一八六八）に帰国する。

殺人者の伊藤と山尾は、明治政府で顕官になった。伊藤は文民派の要《かなめ》となり、明治十八年（一八八五）の内閣制度の開始で、初代内閣総理大臣になった。山尾は工部省設立に携わり、工部卿に就任するなど、工学関連の重職を歴任している。

伊藤は後悔していたのか

かつてあった「塙保己一和学講談所跡」の説明板

和学講談所があった千代田区三番町24付近

忠宝の子の塙忠韶《ただつぐ》が家督を継ぎ、和学講談所付となっていたが、慶応四年（一八六八）に和学講談所は廃された。だが、新政府から召しだされて大学少助教に任ぜられ、さらに出世をした。これを作家の司馬《しば》遼《りょう》太郎《たろう》は、伊藤が自責の念から忠宝の子を優遇したのだろうとしている。

渋沢栄一《しぶさわえいいち》は、大正十年（一九二一）の忠宝の六〇回忌の席で、忠宝の暗殺者を伊藤と山尾であったと明かしている。

伊藤は四度の内閣総理大臣を経験し、日露戦争後の明治四十二年（一九〇九）にロシア蔵相との会見で満州に向かい、朝鮮の独立運動家安重根《アンジュングン》にハルビン駅で暗殺された。

清河八郎殺害事件　文久三年（一八六三）四月十三日

権謀術数で浪士組を結成

清河八郎《きよかわはちろう》は、本名を斎藤正明《さいとうまさあき》といい、父の治兵衛《じへえ》は庄内《しょうない》藩領で醸造業を営む郷士である。弘化四年（一八四七）に江戸に出た八郎は、お玉《たま》ヶ池《いけ》の東条一堂《とうじょういちどう》に師事し、同時に北辰《ほくしん》一刀流の千葉周作《ちばしゅうさく》に剣を学んで免許皆伝を得て、儒学と剣術の塾を開いた。

安政七年（一八六〇）に起こった桜田門外の変に衝撃を受け、尊王攘夷思想を強めると、幕臣の山岡鉄舟《やまおかてっしゅう》やヒュースケンを暗殺した薩摩藩士伊牟田尚平らと交流し「虎尾《こび》の会」を結成した。文久元年（一八六一）、八郎らを内偵する町方の手先を斬ったためお尋ね者になったが、八郎は自殺を装って江戸を脱出する。

清河八郎（国立国会図書館蔵）

文久二年（一八六二）に、薩摩藩主の父島津久光《しまづひさみつ》が幕政改革を求めて率兵上京する準備をはじめると、倒幕派薩摩藩士有馬新七《ありましんしち》らは久光の行動を倒幕へ向けようと画策した。この噂が広まると西日本の志士は続々と京を目指し、九州で遊説をしていた八郎も上洛し、京の薩摩藩邸の長屋に収容された。だが、久光に倒幕の意思はなく、有馬ら過激派薩摩藩士は伏見《ふしみ》の寺田屋《てらだや》で薩摩藩士に粛清された。

藩の後ろ盾がないため権謀術数を駆使する八郎は、寺田屋事件直前に薩摩藩邸から追われたことで連座を逃れ、江戸に帰った。

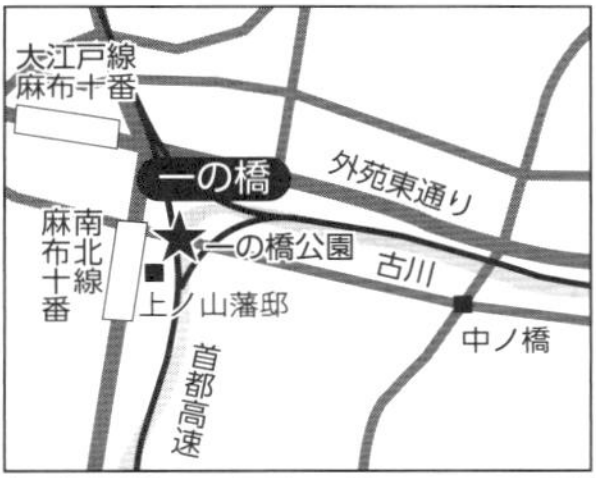

現在の一の橋

幕府は朝廷から執拗に将軍家茂の上洛を命じられていたが、京では八郎に煽られて上洛した志士たちが目的を失い、安政の大獄で容疑者逮捕に協力した者へ天誅《てんちゅう》という復讐を繰り返し、治安を乱していた。

幕府がそれらに手を焼いていると知った八郎は、上洛する将軍警護に関東の浪士を用いる策を立て、山岡鉄舟ら幕臣を通じて幕府政事総裁職松平春嶽に建白した。幕府は八郎の案を採用して浪士組を結成し、八郎の殺人罪を帳消しにした。

策士の八郎が策に敗れる

文久三年（一八六三）二月、八郎は浪士組を率いて上洛すると豹変し、浪士組を尊王攘夷の尖兵とする建白書を朝廷に提出し受理された。幕府は八郎の裏切りに驚き、前年に久光の行列が起こした生麦事件の報復に、イギリスが軍艦を江戸に向けるとしたことで浪士組を江戸へ呼び戻し、新徴組《しんちょうぐみ》として庄内藩に預けた。

八郎は出羽国上山藩家老の金子与三郎《かねこよさぶろう》と親しく、攘夷決行の連判状に名を連ねてもらう約束をしていた。四月十三日、八郎は風邪気味だったが、金子と会うため一の橋近くの上山藩邸に向かい、酒をふるまわれた。

幕閣の八郎への怒りは治まらず、新徴組取締役佐々木只三郎《ささきただざぶろう》らに八郎の暗殺を命じていた。佐々木ら六名は、八郎を上山藩邸近くの麻布一の橋付近で待ち受け、八郎と出会うと幕臣の象徴である裏金の陣笠を脱いで挨拶《あいさつ》した。八郎も笠を脱がねば礼を欠くため、両手を笠の紐《ひも》にかけたところ、後ろから斬られて討ち果たされてしまった。

一の橋は、営団地下鉄南北線の麻布十番駅の近くにあり、上には首都高速道路が通っている。都心環状線と2号目黒線を結ぶジャンクションである。八郎が暗殺された場所は港区東麻布3—9—1にある、現在の一の橋公園あたりとされる。

古川に架かる一の橋は、五代将軍綱吉が薬草園があった白金《しろかね》に御殿を造営した際、御成道になる古川の改修工事がなされ、元禄十二年（一六九九）に架けられたものである。白金御殿は南麻布4丁目の光林寺の西から天現寺《てんげんじ》までの広大な敷地にあったが、元禄十五年（一七〇二）には焼失した。

伝通院の清河八郎と蓮の墓

八郎暗殺の急報を受けた山岡鉄舟は、石坂周造《いしざかしゅうぞう》に八郎が持つ同志の連判状と八郎の首級《しゅきゅう》を取り戻してくるように命じた。現場は町役人が警固していたが、周造は「探し求めた不俱戴天《ふぐたいてん》の敵清河八郎め」と八郎の首を斬り落とし、連判状とともに持ち帰った。八郎の首は山岡鉄舟の妻英子《ふさこ》が保管し、八郎が殺人を犯して逃走中に逮捕されて獄死した妻の蓮《れん》とともに、伝通院《でんづういん》に葬られた。

薩摩藩邸焼き討ち

慶応三年（一八六七）十二月二十五日

関東での騒乱を命じた西郷

慶応《けいおう》二年（一八六六）十二月二十五日、攘夷ではあったが親幕の孝明天皇が崩御すると、朝廷内の空気は一変した。和宮降嫁を推進して朝廷を追われていた岩倉具視が赦免されて復帰し、朝廷は公武合体路線から倒幕路線へと急転した。

「薩摩藩邸焼き討ち図」（国立国会図書館蔵）

将軍慶喜は、新しい徳川支配体制を目指して、翌慶応三年（一八六七）十月十四日に朝廷に大政を奉還。武力倒幕を目指す岩倉派公卿と薩摩藩は、十二月九日に王政復古の宣言を天皇に求め、慶喜に辞官納地を決定した。慶喜は怒りで沸騰する旧幕府諸隊を率いて大坂に退去し、巻き返しを図った。

新政府に召集された諸大名は、徳川宗家だけの領地返上に納得せず、全大名が朝廷費用を負担すべきだとして岩倉らの強引な手口を非難すると、武力倒幕派は孤立した。また、急には政務が見られない朝廷は、しばらくは慶喜に政務を委任する沙汰を下した。これを受けた大坂の慶喜は、英仏など六カ国の代表に「外交に関しては引き続き徳川家が責任を持って行なう」と宣言、薩摩びいきのイギリス公使パークスも了承した。

慌てた新政府は「新日本政府」の声明を作成したが、議定の山内容堂《やまうちようどう》と松平春嶽が署名を拒み、新政府は慶喜を三職に加える妥協をせねばならなくなり、倒幕派の構想は骨抜き

尾張屋板切絵図「高輪辺繪図」

寸前になった。これは倒幕派が一番に恐れていたことで、薩摩の西郷隆盛《さいごうたかもり》は手段を選ばない反撃に出ることを決意し、江戸の薩摩藩邸に居住させていた浪士の首領相楽総三《さがらそうぞう》に、関東を騒乱状態にして幕府を挑発せよと指令した。

西郷の思惑通りに戦争に持ち込む

相楽は各地の浪士たちを薩摩藩邸に入れ、薩摩藩士伊牟田尚平や益満休之助《ますみつきゅうのすけ》の指導で、江戸市中で盗賊行為をさせ、幕吏を威嚇しながら、これ見よがしに薩摩藩邸に逃げ込ませた。将軍が留守の江戸を守る老中稲葉正邦《いなばまさくに》は、慶応三年（一八六七）十二月二十四日に、庄内藩へ「薩摩藩邸に賊徒の引渡しを求め、従わなければ討ち入って召し捕らえよ」と命じた。庄内藩は浪士組「新徴組」を指揮下に置き、翌二十五日未明、上山、鯖江《さばえ》、岩槻《いわつき》の兵を加えた一〇〇〇名で三田の薩摩藩上屋敷を包囲した。

雄藩の薩摩藩は、三田上屋敷、日比谷装束《しょうぞく》屋敷、高輪中屋敷、田町《たまち》蔵屋敷、渋谷下屋敷、白金屋敷など江戸に多くの屋敷を持ち、三田の上屋敷は二万一七八五坪の広大な敷地である。現在のＮＥＣ本社北側の植え込みに「薩摩屋敷跡」の碑があるが、ここは上屋敷の南端である。北側の三井住友信託銀行とセレスティンホテルあたりが藩邸中心部で、両社の間の広場に「芝さつまの道」の案内図もある。

庄内藩士安倍藤蔵《あべとうぞう》が薩摩藩留守居役篠崎彦十郎《しのざきひこじゅうろう》に浪士引渡しを求めたが、篠崎が拒否し外の様子を探るために藩邸の潜り戸を出たところ、庄内藩兵が篠崎に発泡した。それを機に、包囲の諸藩が砲撃を開始して薩摩藩邸に討ち入り、火炎が上がった。

相楽総三ら一五〇名ほどの浪士は藩邸を飛び出し、品川に碇泊した薩摩藩船翔鳳《しょうほう》丸に向けて走った。ところが翔鳳丸は、旧幕府軍艦の接近で沖合いへと逃げており、かろうじて相楽ら二八名を収容して出航し、益満休之助や浪士らは捕らえられた。

十二月二十八日、旧幕府軍艦が事件の詳細を大坂城へ伝えると、薩摩討伐の声が沸き上がり、旧幕府は西郷の思惑どおり討薩の意志を固めた。慶応四年（一八六八）一月三日には鳥羽《とば》と伏見で戦闘がはじまり、戊辰《ぼしん》戦争となっていく。

芝さつまの道

薩摩屋敷跡の碑

彰義隊の上野戦争　慶応四年（一八六八）五月十五日

一七名だった隊が三〇〇〇名に膨れ上がった

慶応四年（一八六八）正月の鳥羽・伏見の戦いに、新政府側が錦旗《きんき》を掲げると、前将軍慶喜は戦意を失い、臣下を見捨てて江戸に逃げ帰った。慶喜が上野で恭順した後、慶喜が当主であった一橋家の家臣たちは、慶喜警護の名目で彰《しょう》義隊《ぎたい》を結成したが、集まったのは一七名だけだった。

上野戦争図（国立国会図書館蔵）

旧幕臣たちに呼び掛けると六七名となり、頭取に陸軍調役の渋沢成一郎《せいいちろう》、副頭取に天野《あまの》八郎《はちろう》が選ばれた。渋沢は武《ぶ》州《しゅう》榛沢《はんざわ》郡血洗島《ちあらいじま》の百姓身分の者で、天野は上州甘楽《かんら》郡の庄屋の次男である。彰義隊は本来の武士でない二人に委ねられたのである。

やがて彰義隊は、五〇〇名になり、四月十一日の江戸開城後に慶喜が水戸へ移ると、渋沢は彰義隊を日光《にっこう》へ移すとし、江戸での駐屯を主張する天野と分裂した。渋沢は江戸の富商から御用金を徴収する才覚があり、多くの隊士が渋沢派に集まった。天野派が刺客を送ったため、渋沢は武州西多摩《たま》郡に遁走《とんそう》した。

彰義隊は徳川家霊廟の寛永寺を守護し、寛永寺貫主日光輪王寺門跡公現《こうげん》親王を擁した。最高首脳には家格の高い池田長裕《いけだながひろ》と元江差《えさし》奉行の小田井蔵太《おだいくらた》がなり、天野は頭並となった。隊士は傍系諸隊を含めて三〇〇〇名の大所帯になっていた。

寛永寺は、元和《げんな》八年（一六二二）に、将軍秀忠が上野一帯を天海《てんかい》に与えたことで開山され、増上寺とともに将軍家の菩提寺になった。幕府は東国に皇族を置き、西国で皇室を戴く倒幕勢力が起これば、輪王寺宮を擁立する構想もあったとするが、まさにその時である。

上野恩賜公園内の彰義隊の墓

なぜ彰義隊はあっけなく崩壊したのか

大総督府参謀の西郷隆盛は、勝海舟《かつかいしゅう》に江戸の治安を一任した。勝は彰義隊を懐柔するため江戸市中取り締まりを任せたが、彰義隊は新政府軍兵士との衝突を繰り返した。勝は彰義隊に解散を促すが彼らは従わず、京の新政府は彰義隊討伐を決定し、大村《おおむら》益次郎《ますじろう》を送り込んできた。大村が武装解除を布告するが、彰義隊が拒否したため、新政府軍は五月十五日に総攻撃し、彰義隊はあっけなく壊滅した。現在の上野は恩賜公園として市民の憩いの場になり、西郷隆盛像の後ろに彰義隊の墓がある。だが政府に反抗したため彰義隊の文字はなく「戦死之墓」の文字が刻まれているだけだ。

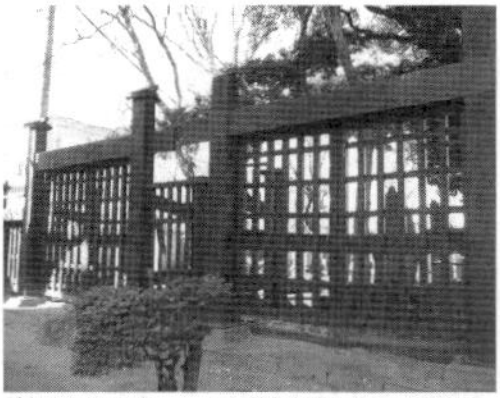

激戦のあった黒門は、円通寺に残る

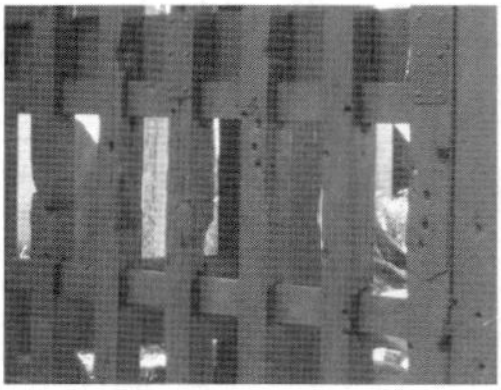

黒門に残った弾痕

彰義隊と新政府軍の激戦を象徴する黒門は、現在は荒川区南千住1―59―11の円通《えんつう》寺《じ》に移され、弾の跡も生々しく保存されている。

飯能《はんのう》で新政府軍に一蹴された成一郎は上野で敗れた隊士二〇〇名と箱館《はこだて》に向かった。

第二章 時代小説や時代劇の現場

尾張屋板切絵図「日本橋北内神田両國濱町明細繪図」

吉原遊廓　台東区千東3丁目・4丁目

江戸の葦原に誕生した吉原

徳川家康は、天正《てんしょう》十八年（一五九〇）に江戸へ入府すると江戸の都市整備を進めた。関東一円から人足たちが集まり、市中では遊女屋が営業をはじめた。慶長八年（一六〇三）、家康が征夷大将軍に任じられて幕府を開き、江戸の都市機能を高めるために武家屋敷が整備され、市中数カ所に散在していた遊女屋は移転を命じられた。

遊女屋は庄司甚右衛門《しょうじじんえもん》を代表にして、「客の連泊を許さない」「偽られて売られた娘は親元に帰す」「犯罪者などは届け出る」という条件で、遊廓敷地の下げ渡しを陳情した。幕府は、元和三年（一六一七）に豊臣氏の処理が終わった後、江戸市中で他に遊女屋を置かないことを条件に、甚右衛門を惣名主として遊廓設置を許可した。

幕府は、海岸に近い葦《あし》の茂る葺屋町に、二丁（約二二〇メートル）四方の区画を与

尾張屋板切絵図「日本橋北内神田両国浜町明細繪図」

え、これを「吉原」とした。この場所は現在の中央区日本橋人《にん》形《ぎょう》町2丁目あたりで、東西の範囲は人形町通り東側から久松《ひさまつ》警察署前交差点までで、北は富《とみ》沢《ざわ》稲荷前の道、南は末廣《すえひろ》神社前の道の範囲である。中央の大門《おおもん》通りの名だけが吉原の名残を留めている。

吉原遊廓が浅草寺《せんそうじ》裏に移転すると、葺屋町には芝居小屋が建ち並び、芳町《よしちょう》の花街《かがい》となった。現在では古い下町の俤《おもかげ》を残していると知られる人形町だが、かつての料亭など花街を思わせる建物も多く残っている。

格式が高い遊女には大金が必要

江戸の町が拡大され、大名屋敷が吉原に隣接し始めたため、明暦二年（一六五六）

に幕府は、浅草寺裏の日本堤《にほんづつみ》への移転を命じた。遊女屋が移転に同意すると、北町奉行石谷貞清は吉原を三丁四方に拡大することを許可し、一万五〇〇〇両を賦与《ふよ》した。

尾張屋板切絵図「今戸箕輪浅草繪図」

翌年正月に明暦の大火が起こり、江戸の大半が焼失したことを機に移転した。人形町の吉原を元吉原と言い、移転先を新吉原としたが、一般的には吉原と言った。現在の台東区千束《せんぞく》4丁目と3丁目の一部にあたる地域で、土手通りにある見返り柳は、後ろ髪を引かれる思いの遊び帰りの客が、この辺りで振り返ったことからその名が付いた。そこから大門までのカーブは五十間《ごじっけん》と呼ばれていた。

かつて、この一帯は湿地帯で、洪水によって江戸市街も氾濫の危険があり、幕府は今戸橋《いまどばし》から箕輪《みのわ》の浄閑寺《じょうかんじ》までに堤防を築いた。これを日

吉原遊廓が描かれた「吉原遊郭娼家之図」（国立国会図書館蔵）

遊客が振り返った見返り柳

本堤と呼び、現在は土手通りという。吉原の出入口は日本堤側の大門のみで、幅五間（約九メートル）のお歯黒溝《はぐろどぶ》で外界と隔絶していた。

遊女屋には犯罪者が集まりやすく、大門脇に町奉行所同心の詰め所があった。佐伯泰英《さえきやすひで》の時代小説「吉原裏同心シリーズ」は、吉原会所頭取の四郎兵衛《しろべえ》から剣の腕と人柄を見込まれた浪人の神守幹次郎《かみもりみきじろう》が、町奉行所同心とは別に、裏同心として吉原の治安維持に活躍するという設定である。

遊女屋には序列があり、茶屋を通さないと上がれない格式の総籬《そうまがき》から、路地裏にある小店まである。大店は社交場として文化の発信地という側面も持っていた。

遊女にも身分があり、美貌と機知を備えた女性は「太《た》夫《ゆう》」と呼ばれ、次いで格子女郎《こうしじょろう》、局《つぼね》女郎とあり、それ以外は「端《はした》」とされた。湯屋で売春をしていた湯女《ゆな》は強制的に吉原に移転させられ「散茶女郎《さんちゃ》」と呼ばれた。高級遊女は「花魁《おいらん》」と呼ばれ、花魁と遊ぶには、「引手茶屋」に花魁を呼んで宴席を設け、その後に茶屋男の案内で見世へ登楼するのである。花魁が茶屋に向かうのを花魁道中と言い、華やかさを演出した。

初回は客とは顔を合わせるだけで、二回目に会話ができる。三度目で馴染みになって枕を交わすことができるが、この間に揚げ代だけでなく、店の関係者らにも祝儀をはずまねばならず、大金が必要だ。気に入らない客を相手にしないことも格を上げる効果があり、男性は金離れがよく粋に振舞うことが要求された。

現在の浄閑寺

吉原遊廓とともに歩んできた吉原神社

多くの遊女は性病などで健康状態も悪く、一部の遊女は生涯を遊廓で終えるが、人間として葬ると後に祟《たた》るという迷信から、浄閑寺に投げ込まれた。

現在の吉原は風俗営業取締法の特例地域としての営業が認められ、約一五〇のソープランドが軒を連ねている。

玄冶店　中央区日本橋人形町3丁目

歌舞伎の舞台になった興行の街

元和九年（一六二三）、上洛していた三代将軍家光が江戸へ帰る際、曲直瀬道三《まなせどうさん》に医術を学んだ岡本玄冶《おかもとげんや》を侍医として江戸に招いた。寛永十年（一六三三）に、家光の疱瘡《ほうそう》を全快させた功により、玄冶は白銀二〇〇枚と新和泉《いずみ》町に一五〇〇坪の屋敷地を賜ったことで、あたり一帯が玄冶店《げんやだな》と呼ばれるようになった。

玄冶店のあった新和泉町は、現在の中央区日本橋人形町3丁目の一部で、いわゆる元吉原の一画である。この一帯には人形遣いが多く住んだので人形町と呼ばれ、当時は中村座と市村座の芝居小屋があって芝居関係者も住んでいた。日本橋本町《ほんちょう》にも近いことから呉服屋の番頭などの居宅もあり、芳町の花街もあって妾宅《しょうたく》も多いことで知られていた。玄冶店の碑は人形町通りの人形町交差点近くにある。

嘉永六年（一八五三）に中村座で初演された歌舞伎の「与話情浮名横櫛《よわなさけうきなのよこぐし》」は、「お富与三郎《とみよさぶろう》」として人気の演目になり、その四幕目は「源氏店《げんじだな》妾宅の場」である。江戸時代は、当時の出来事を上演することが禁じられたので、すべての演目を鎌倉や室町などの世界にして実名を避けていた。玄冶を源氏に置き換えて鎌倉にある「源氏店」としているが、観客には日本橋の玄冶店が舞台だと理解できていた。

「玄冶店」の碑

「与話情浮名横櫛」のあらすじは

江戸の伊豆屋の若旦那与三郎《よさぶろう》は、身を持ち崩して親類に預けられた木更津《きさらづ》の浜でお富《とみ》を見初《みそ》めたが、お富は地元の親分赤間源左衛門《あかまのげんざえもん》の妾だった。二人の密会は露見して与三郎は全身を滅多斬りにされ、追い詰められたお富も海に身を投げたが、和泉屋の大番頭多左衛《たざえ》門《もん》の船に助けられた。

それから三年。無頼の徒となった与三郎は「切られ与三《よさ》」の異名を持ち、破落戸《ごろつき》仲間の蝙蝠安《こうもりやす》が、多左衛門の源氏店の

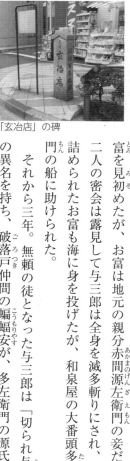

妾宅へ、小遣い銭をせびりに行くのに同行した。その妾がお富とわかり与三郎が「ご新造《しんぞ》さんえ、おかみさんえ、お富さんえ。いやさお富、久しぶりだなあ」と被っていた手拭《てぬぐい》を取る。さらに「与三郎だよ。お主ゃぁおれを見忘れたか」とたたみかけ「しがねえ恋の情けが仇《あだ》、命の綱が切れたのを、どうとりとめてか木更津から、めぐる月日も三年《みとせ》越し、江戸の親にゃぁ勘当受け、よんどころなく鎌倉の、谷七郷《やつしちごう》は食いつめても、面《つら》に受けたる看板の、疵《きず》がもっけの幸いに、切られ与三と異名をとり、押しかりゆすりも習おうより、なれた時代の源氏店……」という有名な名台詞が出るのである。

　お富は、多左衛門に命を助けられて囲われたが、色めいたことはない境遇を語り、与三郎を忘れる日がなかったと訴える。やがて多左衛門が登場し、実は多左衛門はお富の実の兄であるという、歌舞伎ならではの荒唐無稽《こうとうむけい》の話になっていく。

　この「お富与三郎」が、実話に基づいたものかはわからないが、日陰者とされる商人の妾に、町の破落戸が小遣い銭をたかるという、江戸の後ろ暗い部分が見えている。

銭形平次　文京区外神田2丁目あたり（神田明神下）

本来は悪党の岡っ引きが主人公

野村胡堂《のむらこどう》の小説『銭形平次捕物控《ぜにがたへいじとりものひかえ》』は、昭和六年（一九三一）に「文藝春秋《ぶんげいしゅんじゅう》オール讀物《よみもの》」創刊号に掲載された「金色の処女」が第一作で、昭和三十二年（一九五七）まで、二六年間にわたって三八三編が発表された。

主人公の銭形平次は、神田明神下に住む岡《おか》っ引《ぴ》きである。神田はもともと伊勢神宮の御田《おみた》（神田）があったところで、天平《てんぴょう》二年（七三〇）に大己貴命《おおなむちのみこと》が祖神として祀られた。その後、承平《じょうへい》五年（九三五）に乱を起こして敗死した平将門《たいらのまさかど》の首が京から持ち去られ、この近くに葬られたことで相殿神《あいどのしん》として祀られた。江戸時代には神田明神となり、幕府から江戸総鎮守とされて尊崇を受けた。南にある湯島聖堂との間が明神下で、現在の文京区外神田2丁目あたりである。江戸時代には江戸っ子たちが住んだ地の一つで、現在ではうなぎの名店が集まる地域になっている。

平次は、子分の八五郎《はちごろう》（通称ガラッパチ）を引き連れ、凶器を振りかざす犯人に、寛永通宝《かんえいつうほう》の「投げ銭」を見事に命中させて逮捕し、事件を鮮やかに解決していくのだが、作者の野村胡堂は、捕物小説を依頼されて構想を練っていたとき、銭高組《ぜにたかぐみ》の建設現場を見かけ、「銭形」の名前と投げ銭を思いついたという。

岡っ引きを主人公にした小説は、岡本綺堂《おかもときどう》の『半七捕物帳』や横溝正史《よこみぞせいし》の『人形佐七捕物帳』などもあり、それらは勧善懲悪《かんぜんちょうあく》の正義の味方として描かれている。

神田明神境内にある「銭形平次」の碑

岡っ引きの「岡」は正規ではない意味で、中には軽犯罪人から心きいた者の罪を軽減してやった者もいた。彼らは悪事を嗅ぎつけることに長《た》け、少人数で江戸の治安を守る町奉行所同心から私的に雇われ、彼らを使わねば犯罪捜査に支障をきたすほどだった。

四谷怪談

於岩稲荷田宮神社：新宿区左門町17番地

「四谷町方書上」に記されたお岩

文政十年（一八二七）に、幕府は『御府内風土記《ごふないふどき》』編纂のため、名主や寺社を通じて、各町に古来から伝わる逸話や地誌を「文政町方書上《まちかたかきあげ》」として報告させた。

その「四谷町方書上」には、貞享《じょうきょう》年間（一六八四～一六八八）に、四谷左門《さもん》町に田宮伊右衛門《たみやいえもん》と妻のお岩《いわ》が住み、伊右衛門は婿養子でありながら、上役の娘と重婚して子をもうけてしまった。それを知ったお岩は正気を失って失踪し、伊右衛門の関係者が次々と死んでいったことが、お岩の祟《たた》りとされて記載されている。

鶴屋南北《つるやなんぼく》が書いた歌舞伎狂言の『東海道四谷怪談《とうかいどうよつやかいだん》』は、『仮名手本忠臣蔵《かなでほんちゅうしんぐら》』の外伝として浅野家遺臣の話になっており、お岩の祟りが怪談仕立てになっている。

当時、不倫の男女が戸板に釘付けされて神田川に流されたことや、心中者の死体が砂村隠亡堀《すなむらおんぼうぼり》に流れ着いた事件があり、これらも取り入れて怪談として演出し、文政八年（一八二五）に中村座で初演した。

その二年後の文政十年（一八二七）に、「四谷町方書上」が書かれている。そのため、南北が自作の宣伝を目的に、祠の下を使って「書上」に手を加えさせたのではともされている。

お岩は実在していた

左門町は、幕府の先手組組頭諏訪《すわ》左門の組屋敷があったことで左門殿町とされた。

於岩稲荷田宮神社

田宮家は徳川家康とともに駿府から入府した御家人で、先手組同心であった。寺の過去帳には初代から五代までの名が残る実在の家である。初代伊右衛門の娘がお岩のモデルと推測され、「書上」の内容すべてが作り話とするのも難しいようだ。

お岩は婿の伊右衛門とは仲睦まじく、三〇俵三人扶持という薄禄の田宮家の家勢を再興し、寛永十三年（一六三六）に死去したとされる。お岩が屋敷神を篤く信仰したので、近隣の者は御利益を期待して参詣を望む者が多かった。そこで田宮家は屋敷神の傍らに祠《ほこら》を造営して「お岩稲荷」とし、明治時代初期に「於岩稲荷田宮神社」と改称した。現在も田宮家当主が宮司を務めている。

田宮家の屋敷は、現在の新宿区左門町17で、営団地下鉄四谷三丁目駅から外苑東通りをJR信濃町《しなのまち》駅方面に三〇〇メートルほど行き、大日本茶道学会のビルを左折し、一本目の路地を左折したところにある。尾張屋板切絵図「四ッ谷繪図」には「於岩イナリ」として載っている。

中央区新川《しんかわ》2—25—11にも「於岩稲荷田宮神社」がある。明治十二年（一八七九）の左門町の火災で社殿が焼失した際、『東海道四谷怪談』を好演した初代市川《いちかわ》左團《さだん》次《じ》の要望で遷座したものである。

尾張屋板切絵図「四ッ谷繪図」

中野の犬屋敷

中野区中野4丁目
中野3丁目・杉並区高円寺北1丁目の一部

極端な性格の将軍綱吉

五代将軍綱吉は学問に埋没した時期があり、湯島に聖堂を建設して自らも講義をした。儒学の徳目による君子政治への転換を図り、捨て子や捨て病人を救済し、人を主とした生き物に憐愍《れんびん》の情を持つことで世の中が安定すると考えた。ところが、貞享二年（一六八五）に将軍の御成先に、犬や猫を繋ぐにおよばずという御触《おふれ》を出した時期から偏執的な性格が表われる。

綱吉は長男徳松《とくまつ》を失い、跡継ぎの男子の誕生を望んでいた。母の桂昌院が尊崇する僧の隆光から「子を望むなら、戌《いぬ》年生まれなら犬を大事にしなければならない」と進言されたとし、

中野区役所周辺に置かれた犬の像

綱吉に犬を愛護することを勧めた。

綱吉も、当初は「殺生を慎め」という訓令的な御触を出し、横行する捨て子への対策としたが、杓子定規《しゃくしじょうぎ》に物事を判断するあまり御触はエスカレートしていった。思いやりのある「仁政」の目的は忘れられ、犬猫だけでなく馬や鳥、魚類、貝類、虫類の保護にまでおよんだことで、流罪にされる者や、改易される武士まで出た。

これを一般的に「生類憐《しょうるいあわれ》みの令」というが一本の成文法ではなく、綱吉治世の二四年間で一三五回も出された御触の総称である。とくに犬に関するものは四二件も出されており、犬を重んじて人命を軽視するようになり、いたずらに世間を騒がせた。

前代未聞の「お犬様」収容施設は中野に

町に野犬が増えて人に噛みつくようになると、幕府も放置できなくなり、元禄五年(一六九二)には喜多見《きたみ》や大久保に犬小屋を造らせて野犬を収容したが、それでも足りず、元禄八年(一六九五)には、江戸郊外の中野《なかの》に大規模な犬の囲《かこい》屋敷を造営し、支配役以下多数の役人や医者を置いた。

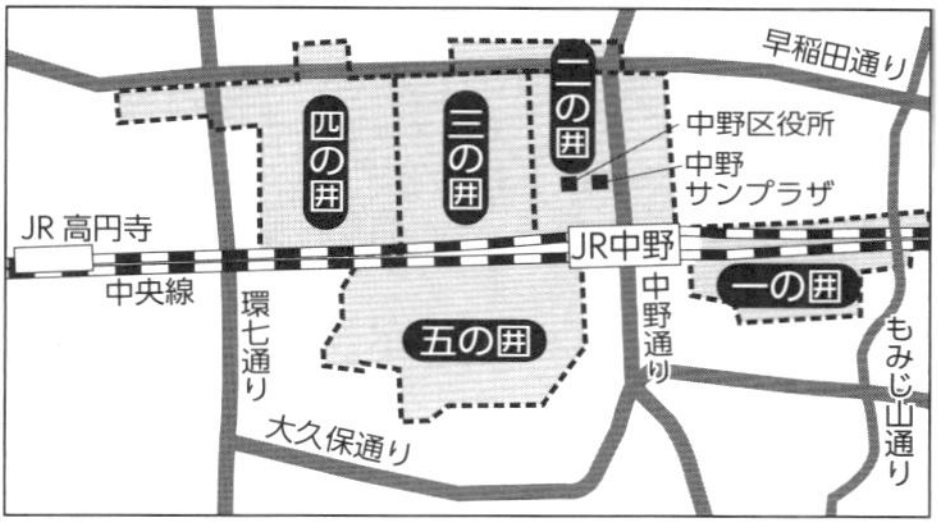

囲屋敷は、現在の中野区中野4丁目のすべてと中野3丁目、杉並区高円寺《こうえんじ》北1丁目の一部におよぶ約三〇万坪（一〇〇ヘクタール）である。中野区役所には犬の像が置かれている。五カ所の犬囲いには数百棟の犬小屋や餌場、日除け場、子犬養育場があり、最盛期には八万数千頭を収容した。年額九万八〇〇〇両の経費は、江戸の商家や天領の農民たちの負担で賄《まかな》われた。

綱吉は、宝永六年（一七〇九）一月に死を迎えたが、養子の綱豊《つなとよ》（家宣）に対し、自分の死後もこの法を三年間は続けるように遺言した。だが家宣は綱吉の棺を前にして「生類憐みの令」を廃した。犬小屋も破棄されたはずだが、大量の犬がどのように扱われたかは不明のままだ。

この時代を扱った小説には、犬の餌《えさ》になる干鰯《ほしか》問屋の用心棒笹森半九郎《ささもりはんくろう》を主人公とした長辻象平《ながつじしょうへい》の『元禄いわし侍』、囲屋敷役人から町奉行所同心になった犬飼研吾《いぬかいけんご》が紀州犬とともに事件を解決する鷹井伶《たかいれい》の『犬同心奔《はし》る！』などがある。

小石川養生所

小石川植物園：文京区白山3—7—1

黒澤映画「赤ひげ」の舞台

山本周五郎《やまもとしゅうごろう》の小説『赤ひげ診療譚《しんりょうたん》』は、享保改革で幕府が設立した小石川養生所が舞台になっている。この小説を黒澤明《くろさわあきら》が二年の歳月をかけて『赤ひげ』として映画化し、興行的にも大ヒットした。少しストーリーを紹介しよう。

加山雄三《かやまゆうぞう》が演じる保本登《やすもとのぼる》は、三年間の長崎留学でオランダ医学を修め、幕府の御番医になる希望に燃えて江戸に戻って来た。ところが許嫁《いいなずけ》のちぐさは、登の留学中に他の男との間に子までなしていた。

登は小石川養生所勤務を命じられる。その所長は三船敏郎《みふねとしろう》が演じる新出去定《にいできょじょう》で、赤ひげと呼ばれていた。裏切られた思いの登は、怒りから赤ひげの手を焼かせるが、赤ひげを頼る庶民と懸命に治療する医師の姿に心を開かれている。

その医師には実在のモデルがいた

映画での赤ひげこと新出去定は、実在した江戸の町医者小川笙船《おがわしょうせん》をモデルにしているそうだ。小川笙船は、関ヶ原の戦いで西軍から東軍に寝返り、徳川方勝利に貢献したが領地を没収された小川祐忠《すけただ》の子孫であるという。

享保七年（一七二二）、笙船は将軍吉宗が庶民の意見を聞くために設置した目安箱に、一九にわたる意見を投書した。その中で施薬院の設置を求める項目が吉宗の目をひき、南町奉行大岡忠相に検討を命じた。

大岡から呼び出された笙船は、身寄りのない下層民の病人が、見殺しにされる実情を訴え、保護するための施薬院の設置や身寄りのない老人を収容して看護人とすることなどを進言した。

同年十二月十三日、大岡は小石川御薬園内に養生所を開設し、幕府はその維持費に八四三両の予算を付けた。笙船を肝煎《きもいり》として幕府の小普請医師二名を置いた。

小石川植物園に残る養生所時代の井戸跡

小石川御薬園は元は館林《たてばやし》藩下屋敷であったが、当主の綱吉が五代将軍になったことで品川にあった南薬園を移し、同時に約四万五〇〇〇坪に拡張した。幕末には衰退して縮小していたが、明治維新で東京府の所管になり享保時代の状態に復活した。

現在は小石川植物園となり東京大学理学部の付属となっている。都営三田線の白山駅から歩いて五分ほどの文京区白山3—7—1にあり、小石川養生所当時の井戸跡が残っている。

当初は、養生所が幕府の薬園の中にできたことで、庶民は薬草などの実験台にされると思い、養生所へ来る者は少なかったが、大岡が町名主に施設や業務を見せると、入所希望者を収容できない状況にまでなった。

だが、看病中間と呼ばれる看護人が、病人が食べきれない飯米を売り払って代金を着服したり、彼らの心証によって病人を条件の悪い部屋に収容するなどしたため、病人の身内が看病中間に付け届けをする悪弊も生まれたという。

江戸四宿

品川宿：北品川1丁目・2丁目　内藤新宿：新宿1丁目〜3丁目
板橋宿：板橋本町・仲宿など　千住宿：千住1丁目〜5丁目など

岡場所としても栄えていた四宿

江戸時代の主要交通網の東海道、中山道《なかせんどう》、甲州街道、日光・奥州街道という五街道の起点はすべて日本橋である。日本橋から最初の宿場町は東海道の品川宿、甲州街道の内藤新宿、中山道の板橋宿、日光・奥州道中の千住宿で、これらは江戸四宿《ししゅく》と呼ばれ、さまざまな時代小説に描かれている。

江戸四宿は江戸と地方を結ぶ最初の宿場町であり、江戸の出入口として重要な役割を担っていた。四宿にある旅籠

街道の起点日本橋（国立国会図書館蔵）

は、飯盛女という名目で遊女を置いたことで、旅籠としての役目よりも岡場所と呼ばれる妓楼となって、江戸市中からも庶民が出掛けて遊ぶ、盛り場として繁栄していった。

品川宿

品川宿は、中世から鎌倉街道の港町として栄えた品川湊《みなと》の近くに作られた。十一代将軍家斉《いえなり》の時代には品川浦に鯨《くじら》が迷い込んだとされ、利田《かがた》神社境内には鯨塚がある。

幕府が五街道の中でもっとも重要視した東海道は、西国へ通じる陸海両路の江戸の玄関口として賑わい、参勤交代の大名行列も多く、家康は品川で江戸に出府する大名を迎えていたという。

品川宿は、現在の京急本線北品川駅から、南は青物横《あおものよこ》丁《ちょう》駅周辺の一帯で、北品川1丁目と2丁目あたりである。日本橋から二里（約八キロメートル）の距離にあり、宿場の中心は本陣がある北品川宿で、本陣跡は聖蹟《せいせき》公園になっている。南品川と歩行《かち》新宿に脇本陣があり、全体

広重が描く品川宿（国立国会図書館蔵）

品川本陣跡の聖蹟公園

で旅籠は九三軒あった。

旧東海道西側に走る第一京浜沿いに品川神社がある。源頼朝《みなもとのよりとも》が、文治《ぶんじ》三年（一一八七）に海上交通の守護神として安房《あわ》の洲崎《すさき》明神を勧《かん》請《じょう》したもので、関ヶ原合戦に向かう家康が戦勝祈願をしたことで、歴代将軍の庇護を受けた。

その西の山側の御殿山は、江戸時代には人気観光スポットだった。

前述のとおり江戸四宿は岡場所として栄えたが、品川宿も例外ではない。「北の吉原、南の品川」と呼ばれる地で、享保七年（一七二二）、幕府は品川宿の飯盛女を五〇〇人と定めたのだが、一二〇年後の天保十五年（一八四四）に摘発した際には、一三四八人の飯盛女を検挙したという。

内藤新宿

甲州街道の最初の宿駅は、高井戸《たかいど》だった。だが日本橋から遠いことで、元禄十年

（一六九七）に浅草の商人高松喜六《たかまつきろく》らが投資対象として、新宿場の開設を願い出た。幕府は、翌年に五六〇〇両の運上金を納めることを条件に認可し、信濃国高遠藩内藤家の下屋敷の街道沿いの土地を分割して、新しい宿場を作った。そのためここを内藤新宿という。現在の新宿区新宿1丁目から2丁目・3丁目の一帯である。

内藤新宿（国立国会図書館蔵）

江戸名所図会の内藤新宿（国立国会図書館蔵）

甲州街道と分岐している青梅街道の起点でもあり、四谷大木戸から追分《おいわけ》あたりまでは大発展し、現在の太宗寺《たいそうじ》門前に本陣や問屋場があった。四谷大木戸近くには、玉川《たまがわ》上水の水番所もあり、江戸市中へ木樋《もくひ》で水を送っていた。

内藤新宿も旅籠や茶屋に飯盛女や茶屋女という売春婦を置いて賑わった。享保三年（一七一八）には旅籠が五二軒にも増え、吉原が営業妨害で訴える遊女取締りの対象になり、南町奉行大岡忠相によって宿場が廃止された。しかし、明和《めいわ》九年（一七七二）には、幕府から宿場再興を認められ、飯盛女は一五〇人までとされた。

板橋宿

板橋という地名は、石神井川《しゃくじいがわ》に渡された板橋からで、中山道の宿駅であると同時に、川越《かわごえ》街道の起点でもある。当時の板橋宿は、現在のJR埼京《さいきょう》線板橋駅から中山道に沿った板橋区本町、仲宿、板橋1丁目、3丁目にあたる。

英泉が描く板橋宿（国立国会図書館蔵）

現在の板橋宿

天保十二年（一八四一）の調べでは、宿内人口は二四四八人、旅籠が五四軒あり一五〇人の飯盛女が認められていた。

板橋の名の由来になった板橋を渡ると、街道の目印として植えられた榎《えのき》があり、この下を花嫁行列が通ると離縁になるとされ「縁切り榎」と呼ばれた。十代将軍家治《いえはる》

永倉新八が建立した供養塔

の正室五十宮《いそのみや》、十二代将軍家慶の正室楽宮《さざのみや》も避けて通ったが、文久二年（一八六二）の皇女和宮が十四代将軍家茂に降嫁する行列が通過する際には、縁起を担いで新普請された迂回路を通過した。

JR板橋駅東口を出たすぐに「新選組隊長近藤勇墓所」があり、流山《ながれやま》で捕縛された近藤は板橋本陣に幽閉され、慶応四年（一八六八）四月に処刑された。明治九年（一八七六）に、新選組の生き残り永倉新八《ながくらしんぱち》が、近藤と土方歳三《ひじかたとしぞう》の供養塔を建立した。

千住宿

吉原から三《み》ノ輪《わ》に抜け、日光街道を北に向かうと千住大橋である。『おくのほそ道』の旅に向かう松尾芭蕉《まつおばしょう》は、深川から舟で千住に着き、見送りの人たちと別れている。

荒川北岸部の足立郡千住村は、古くから水上交通の要所とされ、文禄《ぶんろく》三年（一五九四）に荒川に千住大橋が架けられると、この地域は急速に発展した。

天保十四年（一八四三）には旅籠は五五軒あり、一五〇人の飯盛女が許されていた。

千住宿は現在の足立区千住1〜5丁目、千住仲町、千住橋戸《はしど》町、荒川区南千住にあたる。

千住大橋（国立国会図書館蔵）

千住大橋

南詰めは青物問屋で、北詰の名倉《なぐら》医院は、明和年間（一七六四〜一七七二）に創業した柔道接骨医で、「骨接《ほねつぎ》の名倉」として知られ、七代目の弥一《やいち》の頃には街道に患者の行列ができたというほどに賑わい、現在も開業している。

千住から宇都宮を経て日光にいたる道を日光街道といい、宇都宮から白河《しらかわ》へとつづく道を奥州街道という。

江戸の繁華街

両国広小路：中央区東日本橋2丁目
浅草奥山：台東区浅草2丁目

見世物や芸能が集まって賑わった

江戸幕府は、軍事的な理由で隅田川へは千住大橋以外に架橋していなかった。だが、明暦の大火で橋がないために逃げ場を失った多くの市民が焼死。そこで両国橋の架橋を決断した。それまで隅田川西側は武蔵国、対岸の東側は下総《しもうさ》国であったが江戸川まで江戸を拡大した。

「江都両国橋夕涼花火之圖」（国立国会図書館蔵）

火災の際に橋への類焼を防ぐため、火除地として両国広小路が作られた。両国橋の西袂《たもと》には仮設の見世物小屋や芝居小屋、飲食店が建ち並び江戸随一の歓楽街となったが、将軍の御成《おなり》があると仮設店舗は急遽立ち退かされた。現在の中央区東日本橋2丁目

「浅草奥山四季花園入口光景」（国立国会図書館蔵）

あたりである。両国付近は夏には納涼に最適な場所であった。享保十七年（一七三二）のウンカの大量発生で、西日本で多くの餓死者を出した。翌年の両国川開きの際に花火商の鍵屋《かぎや》が、その供養として大花火を打ち上げたことが恒例になった。

浅草寺裏も歓楽街であった。寺内町の仲見世《なかみせ》は江戸きっての盛り場で、台東区浅草2丁目あたりの浅草寺西側一帯は奥山《おくやま》と親しまれた。現在は「奥山おまいりまち商店街」である。芝居や見世物、講釈、軽業、からくり、女相撲の小屋が並び、居合抜きや曲ごまなど庶民芸能が技を競い合っていた。浅草は吉原遊廓に近いこともあって、明治時代から昭和時代の初期までは、映画館街や歓楽街を浅草六区と呼んで賑わった。

両国広小路も浅草奥山も、多くの時代小説で舞台になっているが、現在の姿からはほど遠い、繁華街に寄生する裏社会の巣窟《そうくつ》として取り上げられている。

町奉行所

北町奉行所：千代田区丸の内1―9（東京駅北口）
南町奉行所：千代田区有楽町1―5（有楽町マリオン）

町奉行の職務

慶長九年（一六〇四）、南北町奉行が置かれたが、町奉行所という庁舎はなく、町奉行に任ぜられた者がその邸宅に白洲を作って職務に当たっていた。

寛永八年（一六三一）、北町奉行所を呉服橋御門内に、南町奉行所を八代洲《やよす》河岸に設けた。八代洲河岸は日本に漂着したオランダ人ヤン・ヨーステンの屋敷があったところで、現在は八重洲《やえす》というが千代田区丸の内2丁目の丸ビルあたりである。

東京駅北口の「北町奉行所跡」碑

有楽町マリオンの「南町奉行所跡」碑

後に北町奉行所を数寄屋橋《すきやばし》御門内に

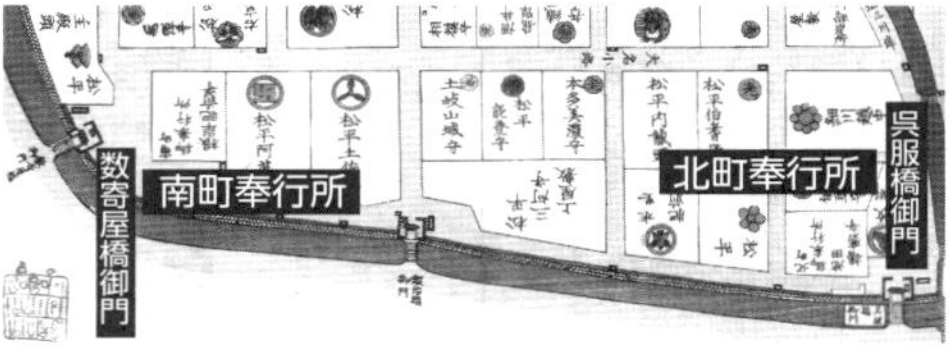

尾張屋板切絵図「大名小路図」

移したが、南町奉行所よりも南に位置したため、享保四年（一七一九）に南北町奉行所の名称を入れ替え、現在の東京駅北口あたりに北町奉行所が、有楽町マリオン付近に南町奉行所があった。

町奉行は老中の支配に属し、毎日四つ時（午前十時頃）に登城して老中に御用を伺うなどし、午後二時になると下城して奉行所に帰り、執務をこなさねばならない。

町奉行の職務は、江戸の町の司法、行政、警察から江戸市中の民政全般にわたるもので、現在でいえば東京都知事と警視総監、地方裁判所所長、消防署長などを兼務するものである。南北町奉行所は月番として隔月で訴訟を受け付けたが、非番の時には月番で受理した事件の整理と処理にあたるため、一日も休むことができなかった。

元禄十五年（一七〇二）には、南北町奉行所のほかに、鍛冶橋《かじばし》御門内に中町奉行所を設けて三奉行所体制となったが、享保四年に中町奉行坪内定鑑が高齢により辞任を許されると、中町奉行所は廃止されて南北の二奉行制に戻った。

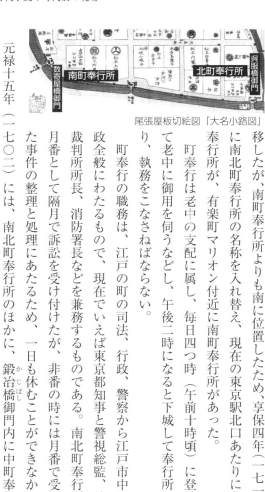

町奉行は町人地だけを管掌するため、目付の管轄である幕臣の居住区や、寺社奉行が支配する寺社地や門前町は捜査できない。郡村は勘定奉行の代官が取り締まった。明暦の大火後、新規に江戸に加えられた深川、本所、浅草、牛込、赤坂、麻布までに管轄区域は拡張され、これらの新開地は町奉行の支配を受けながら、農村部は勘定奉行から年貢を取り立てられるという二重支配を受けていた。

与力や同心たち

南北町奉行所には、それぞれ与力二五騎と同心一二〇人が配されていた。与力は吟味などを担当し、同心は与力の下役で、警察業務を担当する隠密廻り、定町《じょうまち》廻り、臨時廻りには与力は関与しない。しかし、この三廻りは南北合わせて三〇人だけで、少人数で治安を維持できたのは、江戸の町には自治組織が確立していたからだ。

彼らは八丁堀の組屋敷に一括して居住した。八丁堀の地名は、神田と日本橋の境に開削した堀の長さが八町(約八七三メートル)あったことからだ。初期には寺町であったが、寛永十二年（一六三五）に多くの寺は浅草に移転を命じられ、町奉行配下の与力と同心の組屋敷が置かれた。

現在では桜田門が警視庁の代名詞になっているように、八丁堀と言えば町奉行所同心を指した。時代劇では「八丁堀の旦那」がよく登場する。八丁堀の組屋敷から南北の奉行所までは、一キロメートル足らずの距離にあり、一目でそれとわかる服装・髪形をして通勤していた。

与力も同心も罪人を扱うために「不浄《ふじょう》役人」とされ、将軍への御目見《おめみえ》はできない。

また、法制上は両者ともに一代限りの抱席《かかえせき》だが、職務上のノウハウが多く、嗣子《しし》が成長すると見習いになって実務を身に付けさせ、実質的には世襲になっていた。だが、手柄を上げても出世することはない。
与力や同心には、大名家や商家が問題が起こった時に穏便に済むように付け届けがあり、不浄役人とされても羽振りは良く、同心は私的に抱える岡っ引きたちに小遣い程度の手当てを与えていた。

牢屋敷　中央区日本橋小伝馬町5―2（十思公園）

身分が低かった牢屋奉行

牢獄を牢屋敷といい、初期には常盤橋《ときわばし》御門の外にあったが、慶長年間（一五九六～一六一五）に小伝馬町に移された。

徳川家康は、慶長六年（一六〇一）に、街道筋に伝馬制度を定め、江戸城下には小伝馬町と大伝馬町《おおでんまちょう》、京橋《きょうばし》付近に伝馬町を置き、伝馬と人足を常備させた。小伝馬町は、旅人宿が多く繊維問屋や金物問屋も連なって賑わった町である。

江戸城から遠くない地に牢屋敷が置かれたのは、被疑者を町奉行所に連行して取り調べたり、与力や同心が牢屋敷に出向いて尋問することもあるからである。

牢屋敷は、二六一八坪の広さがあり、堀が巡らされて煉塀《ねりべい》で囲んでいた。現在では中央区日本橋小伝馬町5―2にある十思《じっし》公園を中心とするあたりである。十思公園隣

十思公園になった牢屋敷跡

の十思スクエア一階ロビーには、伝馬町牢屋敷を復元した模型が展示されている。

家康から牢屋奉行（囚獄《しゅうごく》）を命じられた石出帯刀の地位は、代々世襲だが町奉行所与力よりも低く、武家名鑑の『武鑑《ぶかん》』には、将軍の外出時に尿筒《しとづつ》を持つ役である「公人朝夕《くにんちょうじゃく》人《にん》」の次に記されている。禄高は三〇〇俵で十人扶持の役料がつき、配下に鍵役《かぎやく》を筆頭に同心五〇人と、張番《はりばん》といわれる下男《しもおとこ》三〇人、非人一二、三人がつく。

初期の牢は土蔵造りで、風も光も入らなかったため、天和三年（一六八三）に石出帯刀吉深《よしふか》の献言で改造され、牢屋は身分によって分けられた。この石出帯刀が、明暦の大火時に囚人を解き放ったことが、後に慣例になった。「蛮社《ばんしゃ》の獄《ごく》」で捕らえられた蘭学者の高野《たかの》長英《ちょうえい》は、この制度を逆手に取り、弘化元年（一八四四）に非人に牢獄を放火させて放免され、戻らなかった。

牢屋敷は刑務所ではない

牢屋敷に入れられた者は、終身刑の永牢《えいろう》や船待ちをする遠島の者を除いては未決囚で、現在の拘置所に近いもので刑務所ではない。刑が磔《はりつけ》の場合は、鈴ヶ森や小塚原《こづかっぱら》の刑場で処刑されたが、斬首は牢屋敷内で執行された。十思公園内に日本橋石町《こくちょう》に設置されていた「石町時の鐘」があるが、この鐘が鳴るとともに処刑されたという。小伝馬町牢屋敷は、明治八年（一八七五）に市ヶ谷監獄が設置されるまで使用され、跡地に獄死者を弔う大安楽寺《だいあんらくじ》が建設された。その塀に「江戸伝馬町処刑場跡」の碑がある。

囚人を収容する牢獄は身分によって異なり、大牢《たいろう》と二間牢《にけんろう》は庶民、勘定方支配の百姓牢も設け、女囚は身分の区別なく西の揚屋《あがりや》に収容した。御目見以下の幕臣、大名の家臣、僧侶、医師、山伏は揚屋に収容し、旗本や身分の高い僧侶、神主らは揚座敷である。五〇〇石以上の旗本は牢には入れられず、大名家や親戚預けとされた。親戚に預けるということは、切腹させるという含みもあった。

牢屋敷には常時三〇〇〜四〇〇人が収容されていた。だが、文化年間（一八〇四〜

一八一八）に、一カ月間ほど囚人が一人もいない期間があり、幕府は太平の世のめでたいしるしと喜び、朝廷にも奏上していた。

牢内は、牢名主を頂点とする役目を役人が指名し、自治制が敷かれていた。牢内の人員が増えて生活に支障をきたすと、主に規律を乱す者や鼾《いびき》のうるさい者などが密かに殺害され、検視する牢屋附医師に金一分《いちぶ》が渡されて病死とされた。

牢内に金（ツルという）を持ち込むことは厳禁だが、入牢時に牢名主らに金を差し出さねば虐《いじ》められることは役人も承知していた。金を持たないで入牢した吉田松陰は、金を差し入れてもらったという。牢の張番に頼めば刃物以外なら酒でも買え、一分を渡して二〇〇文ほどのものが手に入った。

「江戸伝馬町処刑場跡」の碑

裕福な者は、牢屋奉行や牢屋附医師に手を回して、病囚を収容する溜《ため》預けにしてもらった。溜では散歩もでき、望めば煙草も与えられ、冬には焚《た》き火にあたることもでき、寒中には夜中に粥《かゆ》も支給された。

刑場

鈴ヶ森刑場：品川区南大井2丁目
小塚原刑場：荒川区南千住2丁目
大和田刑場：八王子市大和田町　大和田橋南詰

浪人たちに警告を与えた鈴ヶ森刑場

江戸の刑場は、南には東海道沿いに鈴ヶ森刑場、北には日光街道沿いに小塚原刑場があり、江戸から離れた西には大和田《おおわだ》刑場もあった。

鈴ヶ森刑場は、慶安四年（一六五一）に作られ、現在残る鈴ヶ森刑場跡は、品川区南大井2丁目にある。

当時、江戸の町は大坂の陣によって浪人が増え、同年七月には由比正雪の慶安の変も起こっていた。幕府は、江戸に入る浪人たちに警告を与えるため、江戸の入口である品川宿手前の、東海道沿いを刑場の地とした。

鈴ヶ森刑場は、すぐ近くに海が迫っていたため敷地は

鈴ヶ森刑場跡

狭く、元禄八年（一六九五）の検地では間口四〇間（約七四メートル）、奥行九間（約一六・二メートル）で、中学校の体育館くらいの面積だ。

ちなみに、鈴ヶ森で最初に処刑されたのは、慶安の変での丸橋忠弥である。もっとも丸橋は町奉行所役人に寝込みを襲われた時に死亡していたとされ、改めて鈴ヶ森で磔刑にされたようだ。その後、八百屋お七もここで処刑された。

腑分けもされた小塚原刑場

小塚原《こづかっぱら》刑場も、慶安四年に作られた。日光街道千住大橋南側にあり、現在の荒川区南千住2丁目である。JR常磐線の線路際で、跡地には首切り地蔵で有名な延命寺《えんめいじ》がある。小塚原刑場では死体の埋葬が粗雑で、腐臭が充満していたという。そこで寛文七年（一六六七）に、本所回向院の住職弟誉義観《ていよぎかん》が、死者の埋葬と供養をするために、小塚原刑場の隣接地に常行堂《じょうぎょうどう》を建てた。これが現在の小塚原回向院である。

小塚原刑場では、刑死者の腑分け《ふわ》（解剖）が行なわれることもあった。蘭学者の杉《すぎ》田玄白《たげんぱく》や前野《まえの》良沢《りょうたく》らは、オランダの解剖学書『ターヘル・アナトミア』を手に入れ、漢方の臓腑図と違うことを知った。玄白らは明和八年（一七七一）に行なわれた腑分け見学を許され、『ターヘル・アナトミア』の正確さに驚いた。これを翻訳して『解体新書』を出版したことで、日本の医師に人体構造が伝わった。

小塚原では、文政五年（一八二二）に南部浪人相馬大作《そうまだいさく》が処刑されてから、同地の回向院に国事犯の刑死者が埋葬されるようになり、安政の大獄で処刑された橋本左内《はしもとさない》や吉田松陰も葬られた。

小塚原回向院には『解体新書』のレリーフ「観臓記念碑」がある

鈴ヶ森、小塚原と並んで三大刑場とされた大和田刑場は、現在の八王子の浅川《あさかわ》に架かった大和田橋の北岸にあったとされるが、詳細は明らかではない。

SHODENSHA
SHINSHO

祥伝社新書

第三章　剣客たちの道場はどこにあった

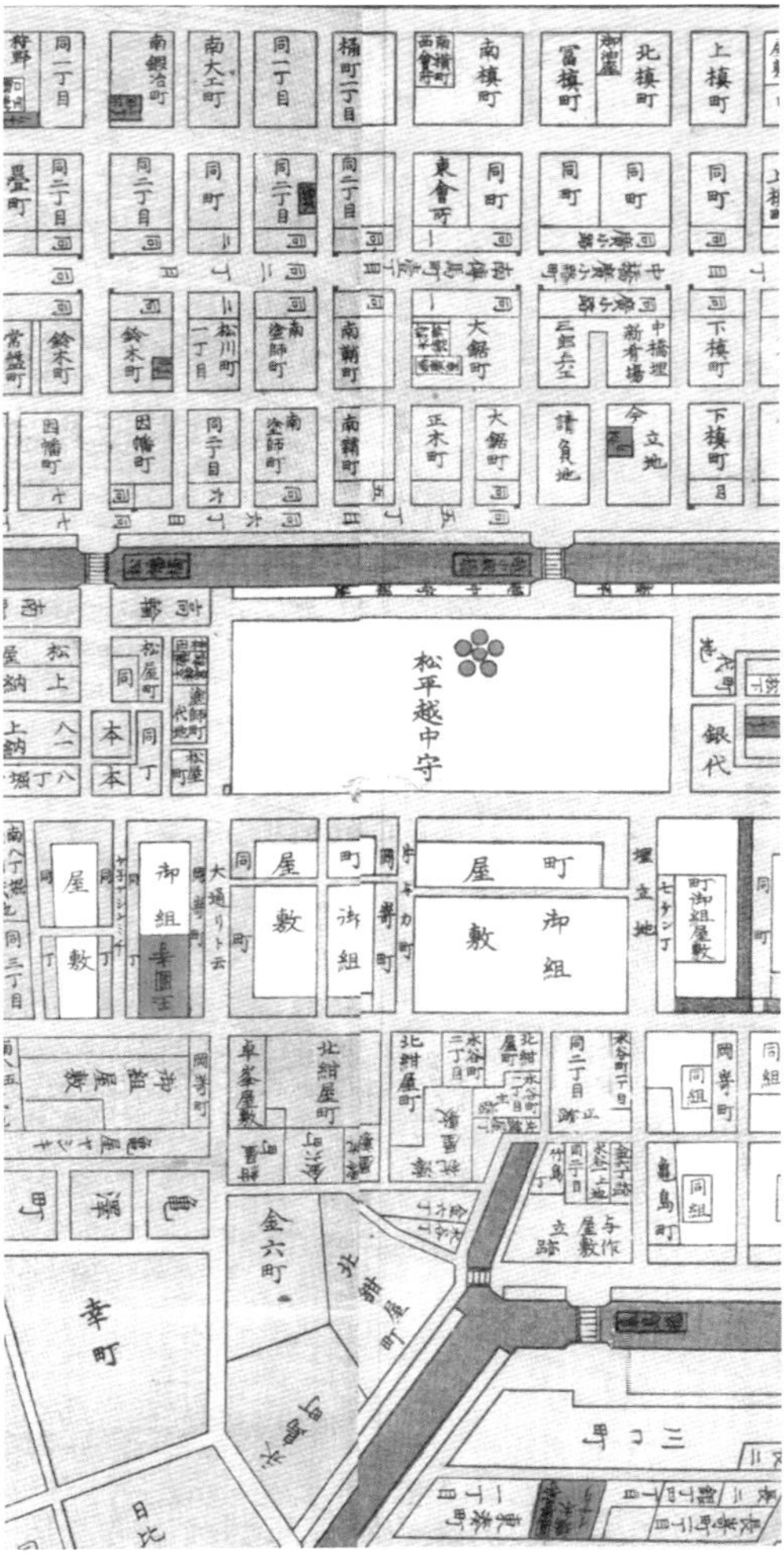

尾張屋板江戸切絵図「日本橋南之繪図」

柳生宗矩

新陰流
港区新橋6―18―12（愛宕警察署）

政治力で大名になった剣客

柳生《やぎゅう》家は大和国添上《そえかみ》郡柳生郷（現・奈良市柳生）で二〇〇〇石を領する土豪である。戦国期の当主柳生宗厳《むねよし》（石舟斎《せきしゅうさい》）が上泉信綱《かみいずみのぶつな》から新陰流《しんかげりゅう》の剣を相伝された。柳生氏に伝承された新陰流は柳生新陰流と知れ渡っているが、分派を興したわけではない。

柳生宗厳は、豊臣秀吉の太閤《たいこう》検地で隠田《かくしだ》が見つかり所領を没収されたが、黒田長政《くろだながまさ》を介して徳川家康と出会った。宗厳は文禄三年（一五九四）に、家康に「無刀取り」を披露したことで兵法指南役で招かれたが、老齢のために五男の宗矩《むねのり》を推挙した。

宗矩は、慶長五年（一六〇〇）の関ヶ原の戦いで大和の豪族を調略し、西軍の後方攪乱《かくらん》に努めた功績で、旧領に一〇〇〇石を加えられて徳川秀忠の兵法指南役となる。

元和七年（一六二一）から、宗矩は三代将軍家光の兵法指南役になると、信任を深めて、寛永九年（一六三二）には総目付（後の大目付）に任じられ、三〇〇〇石を加増された。寛永十三年（一六三六）に四〇〇〇石を加増され一万石の大名となる。さらに加増されて一万二五〇〇石を領するようになった。

同時期に将軍の兵法指南役であった小野忠明《おのただあき》（御子神典膳《みこがみてんぜん》）は、剣では宗矩よりも強いとされていたが、六〇〇石の旗本にすぎない。小野は強くなるためには容赦なく、将軍にも剣が上達するための指導をしたが、宗矩は将軍は一流の剣客になる必要はなく、剣の心得を学ぶべきとした。これが両者の差になったようだ。

柳生藩邸の現在は、港区新橋6—18—12の愛宕警察署になっている。この芝藩邸の道場から優秀な弟子が多く育ち、彼らは各藩に帰って指南役を務めた。江戸柳生から柳生三厳《みつよし》（十兵衛《じゅうべえ》）、尾張柳生から柳生厳包《としかね》（連也斎《れんやさい》）などの天才剣士を輩出した。

柳生家は十三代俊益《とします》まで継がれ、明治維新を迎えた。

柳生藩邸だった愛宕警察署

小野忠明

一刀流

中央区日本橋蛎殻町2―3

分派が多い一刀流

小野忠明は、永禄《えいろく》十二年（一五六九）に、安房国（現・千葉県）に生まれたとされ、父祖は里見《さとみ》氏に仕えていた。当時は御子神典膳を名乗り、里見義康《よしやす》に仕えて戦闘にも参加していた。二十代の頃に、里見家を出奔して伊藤一刀斎《いっとうさい》の弟子となり、兄弟子の善鬼《ぜんき》を破って一刀斎から一刀流を継承した。

文禄二年（一五九三）に、一刀斎に推薦されて徳川家康に仕え、二〇〇石を与えられて、柳生氏とともに将軍家兵法指南役となった。現在の中央区日本橋蛎殻町《かきがらちょう》２―3あたりに屋敷があったとされ、母方の小野姓を名乗るようになる。日本橋一帯は商業の中心地になるが、蛎殻町は名の通り蛎殻が堆積していた浜辺であったようで、付近には小網町《こあみちょう》、小舟町《こぶなちょう》、浜町《はまちょう》など、海に由来する町名が現在も残っている。

関ヶ原の戦いでは、信濃の上田《うえだ》城攻防戦で活躍し、上田七本槍の一人と称された。しかし、本多正信《まさのぶ》から抜け駆けとされて蟄居《ちっきょ》を命じられ、真田信之《さなだのぶゆき》の預かりとなった。家康の次男結城秀康《ゆうきひでやす》のとりなしで罪を許され、後に加増を受けて六〇〇石を給された。忠明は剣では非常に優れていたが、高慢な性格でトラブルメーカーだったらしい。対人関係で問題を起こすことも多く、ついに将軍秀忠の怒りを買って閉門に処され、寛永五年（一六二八）に死去した。墓は新宿区原町《はらまち》の常楽寺《じょうらくじ》にある。

子の忠常《ただつね》が二代を継承し、一般的に「小野派一刀流」と呼ばれるが、小野家は単に一刀流と称した。また、四代忠一《ただかず》に学んだ中西子定《なかにしたねさだ》が、小野家から学んだ一刀流という意味で小野派一刀流としたが、彼の流派は中西派一刀流と呼ばれ、竹刀《しない》稽古を採り入れたことで各藩に広まった。

小野派一刀流には多くの分派があり、一刀斎の伊藤姓を継いだ忠明の弟伊藤忠也《ただなり》の流れは忠也派一刀流と呼ばれ、その他《ほか》北辰一刀流などがある。

常楽寺の小野忠明の墓

千葉周作

北辰一刀流
玄武館道場：千代田区神田東松下町24

北辰一刀流隆盛までの苦労

江戸時代末期には、桃井春蔵《もものいしゅんぞう》の鏡心明智流《きょうしんめいちりゅう》士学館《しがくかん》、千葉周作の北辰一刀流玄武館《げんぶかん》、斎藤弥九郎《やくろう》の神道無念流《しんとうむねんりゅう》練兵館《れんぺいかん》は「江戸三大道場」とされ、それぞれが三〇〇人以上の門弟を抱えて隆盛していた。

千葉周作は、陸奥国気仙《けせん》村（現・岩手県陸前高田《りくぜんたかた》市）に生まれ、家伝の北辰夢想《むそう》流を教授された。一家は江戸近郊の松戸《まつど》に移り住み、父幸右衛門《こうえもん》は馬医者となったが、周作は江戸に出て、松戸出身で一刀流中西道場の高弟浅利又七郎義信《あさりまたしちろうよしのぶ》に入門した。

周作は二三歳で浅利の免許皆伝を受け、浅利の師中西忠《ちゅう》兵衛《べえ》子正《たねまさ》の下で研鑽《けんさん》し、三年で中西派一刀流の免許皆伝を受け、浅利道場に帰った。浅利は姪の小森《こもり》かつを周作の妻とし、周作を後継者としようとした。だが、周作は一刀流に改良する点があるとし、あくまでも中西流に固執する浅利と対立し、浅利と義絶して北辰一刀流を興した。

文政五年（一八二二）、日本橋品川町に玄武館道場を開いた。日本橋品川町は現在の日本橋室町《むろまち》で、当時の商業地の中心である。だが、思ったように門弟が集まらず、流派の喧伝《けんでん》と武者修行の旅に出て、各地で土地の強豪に試合を挑んだ。

高崎で上州《じょうしゅう》一の遣い手とされる馬庭念流《まにわねんりゅう》の小泉弥兵衛《こいずみやへえ》に勝利すると、弥兵衛は周作に入門を願った。周作は馬庭念流一門の弥兵衛の入門は穏やかではないといったんは断るが、最終的には認めた。小泉の門弟など一〇〇人を超す者が入門し、彼らは伊《い》香保《かほ》神社に北辰一刀流門下一同の名を記した額を奉納しようとした。

千葉周作像（東條會館蔵）

周作も神への祈願ということで反対はしなかったが、馬庭念流の一門は地元の神社に額を掲げられては面目が潰されると憤慨し、一〇〇〇人を超える人数が、伊香保の宿に陣取って気勢を上げ、一触即発の不穏な状態になった。

この騒動に、関東取締出役《しゅつやく》や代官所役人が双方を説得し、周作は弟定吉《さだきち》の意見にしたがって江戸へ引き上げたため鎮静した。

合理的な指導で技の千葉と評価される

文政八年（一八二五）に周作は、神田お玉ヶ池に玄武館道場を建てた。お玉ヶ池は幕府草創期には桜ヶ池とされ、上野の不忍池《しのばずのいけ》ほどもあったようで景勝地とされていた。池の近くの茶屋の看板娘お玉が、二人の男から言い寄られたことで悩み、身を投げてからお玉ヶ池と呼ばれるようになり、お玉稲荷を建立して彼女の霊を慰めた。

現在のお玉稲荷

その後のお玉ヶ池は、駿河台を削った土で埋められ、弘化二年（一八四五）頃には跡形もなくなったという。周作の道場は、現在の地下鉄新宿線岩本町《いわもとちょう》駅に近い、千代田区神田東松下町24にあり、尾張屋板切絵図「日本橋北神田両国浜町明細繪図」に、近江《おうみ》国仁正寺《にしょうじ》藩一万七〇〇〇石一橋《いちはし》壱岐守《いきのかみ》の屋敷の隣に、千葉周作の名がある。

道場は破風《はふ》造りの玄関を持った八間四方の堂々たるもので、五〇人が寄宿できる二階建ての寄宿舎があった。隣家は、高名な儒学者東条一堂の「瑶池《ようち》塾」で、門人集めに苦労した経験がある周作は、瑶池塾で学問を学び玄武館で剣を練るという、文武両道を修めるのに便利な環境と喧伝した。

尾張屋板切絵図「日本橋北神田両国浜町明細繪図」

周作の教えも「稽古前の食事は少なくした方がよく、多く食べると息が切れる」など合理的でわかりやすく、他道場で三年かかるものを一年で習得できるとし、免許皆伝までには「初目録」「中目録」「大目録」だけの三段階に簡素化した。

実績を上げた周作は、多くの藩から剣術指南に招かれたが丁重に辞退した。だが、天保六年（一八三五）に水戸藩の弘道館《こうどうかん》で演武を見せたことで、藩主の徳川斉昭から一六人扶持を受け、天保十二年（一八四一）には一〇〇石の馬廻役に昇進し、四人の息子も水戸藩に仕えた。

　弘化二年（一八四五）には、水戸藩での身分はそのままに、幕府から与力格で三〇〇俵を給されるようになり、浅草観音堂に奉納した額には、門人三六〇〇名余の名が記されるほどになっていた。安政二年（一八五六）に死去した。

　周作の四人の息子たちは、いずれも剣の資質に恵まれていたが、とくに次男の栄次《えいじ》郎《ろう》はすばらしい腕の持ち主だった。当代の剣術家たちの試合では、非常に高い勝率を誇った。久留米《くるめ》藩士の松崎浪四郎《まつざきなみしろう》は、幕末に対戦したうちの三名の剣客を挙げて「位は桃井、力は斎藤、技は千葉」と評したが、この千葉は栄次郎のことである。二代目周作は三男の道三郎《みちさぶろう》が継ぐ。

現在の玄武館の跡地

　玄武館道場は、現在も杉並区善福寺2―28―6にあり、北辰一刀流六世宗家小《こ》西真円一之《にししんえんかずゆき》氏が指導しているという。

千葉定吉

北辰一刀流
桶町千葉道場：中央区八重洲2—8

坂本龍馬が学んだ桶町千葉道場

千葉周作の弟の定吉は、兄とともに父から剣の指導を受け、兄の玄武館創設と運営に協力した。当時は身分制度が厳しく、上級武士は下級武士と稽古をすることを嫌ったので、桶町《おけちょう》に玄武館の分室道場を設け定吉が担当した。現在の東京駅八重洲口に近い中央区八重洲2—8に桶町道場跡があり、坂本龍馬《さかもとりょうま》が学んだことで知られる。

龍馬は定吉の長男重太郎《じゅうたろう》とともに勝海舟を斬ろうとしたが、勝の広い視野に感化されて勝の弟子になる。定吉の次女のさな子は龍馬との恋愛も語られる。

桶町道場の説明板

斎藤弥九郎

神道無念流
練兵館道場：千代田区九段北3―1（靖国神社境内）

道場経営に手腕を発揮

斎藤弥九郎は、越中《えっちゅう》国氷見《ひみ》郡仏生寺《ぶっしょうじ》村（現・富山県氷見市仏生寺）の郷士斎藤新《しん》助《すけ》の長男とされる。郷士身分であっても山村の農家同然の生活で、弥九郎が一三歳になると高岡《たかおか》の油商や薬種商に奉公している。

一五歳の弥九郎は、金一分を握って高岡から江戸に向かった。道中で旅人の荷物を担いで駄賃《だちん》を稼ぎながら、江戸では四五〇〇石取りの旗本能勢祐之丞《のせゆうのじょう》の若党《わかとう》になり、能勢から勤勉を認められて神道無念流岡田十松吉利《おかだじゅうまつよしとし》の「撃剣館《げきけんかん》」への入門を許された。

弥九郎は二〇歳で岡田十松から代稽古を許された。岡田の没後に道場は、吉利の長男吉貞《よしさだ》が二代目十松として継ぐ。だが、吉貞は剣では父に劣らぬ達人とされたが道場経営に関心がなく、撃剣館に籍を置く水戸藩の藤田東湖、伊豆韮山《にらやま》代官の江川太郎左《えがわたろうざ》衛門英龍《えもんひでたつ》や門下一同に推され、弥九郎が吉貞の後見をして道場経営にあたった。

弥九郎は、商家に奉公した経験から事務能力があり、道場経営に手腕を発揮しながら、江川から代官秘書の御用人格で四人扶持を受けるようになる。江川と交流する高島秋帆や渡辺《わたなべ》崋山《かざん》らの洋学者と交わって新知識を得ていった。

洋学者たちとの交流

二九歳の弥九郎は、江川の資金援助で九段坂下の俎橋《まないたばし》近くに「練兵館」道場を開き、恩人である能勢家の用人堀和兵衛《ほりわへえ》の娘岩《いわ》を娶《めと》った。

斎藤弥九郎（港区立港郷土資料館蔵）

二代目十松の吉貞は弥九郎に魅せられ、弟の利章《としあき》に三代目十松を譲り、弥九郎の師範代として練兵館に移ってきた。弥九郎の剣は、吉貞におよばないとされ、弥九郎の子たちは吉貞の剣の影響を受けている。
天保九年（一八三八）、練兵館が火事で焼かれたため九段坂上に移ると、江戸三大道場の一つとして繁盛していった。九段坂は、縄文時代には坂の下が波打ち際で、丘の上に貝塚があった。急傾斜の坂は石段で九層に区切った階段状であった。坂上からの眺望は素晴らしく、江戸城内堀を通して大手町《おおてまち》方面を一望でき、江戸湾から房総の山々も見渡せたという。
現在の千代田区九段3―1で、靖国《やすくに》神社になっている。靖国神社南門を入って、すぐ左の植え込みの中に「神道無念流練兵館跡」の碑と説明板がある。

「神道無念流練兵館跡」の碑
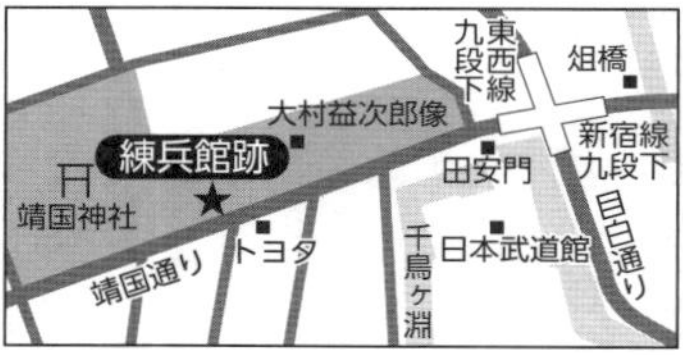

弥九郎の長男新太郎《しんたろう》が、武者修行の途中で萩《はぎ》に寄り、長州藩の明倫館《めいりんかん》で剣技を見せたことで、塾頭にまでなった桂小五郎を筆頭に高杉晋作や山尾庸三、赤根武人《あかねたけと》などの長州藩士が多く入門した。弥九郎は各藩から預かった青年を「兵として練り藩に帰す」という方針で門弟を鍛え、時には田畑の耕作もさせた。長州人のほかにも土佐藩士谷干城《たにたてき》や薩摩藩士篠原国幹《しのはらくにもと》ら幕末期に活動する人材を多く育てた。

桃井春蔵

鏡新明智流
士学館道場：中央区銀座1―25―2（京橋公園）

京橋公園には蜊河岸の説明板がある

宣伝で門弟を集めた初代春蔵

鏡新明智流を興した桃井春蔵直由《なおたか》は、諸国を修行した後に江戸へ出て、日本橋茅場《かやば》町《ちょう》に「士学館」道場を開いた。直由は芝神明宮に「長年修行を積み、勝つことは知らぬが負けざることを悟った」とか「不器用で上達しない者にも、上手になるまで指導する」という額を掲げ、宣伝という手法で門弟を集めた。

養子の二代目春蔵直一《なおかず》は、日本橋蜊《あさり》河岸に豪壮な道場を建てた。当時の蜊河岸は弾正橋《だんじょうばし》、白魚橋《しらうおばし》、新福寺橋《しんぷくじばし》の河岸地を言い、近江屋《おうみや》板切絵図「京橋南芝口橋築地鉄炮洲遣繪図」に桃井春蔵の名があるが、士学館道場の現在地を特定することは難しい。ある書では中央区新富《しんとみ》1—4—7とし、ある資料では中央区新富1—1—9の新金橋《しんかねばし》児童遊園としている。京橋プラザ南の中央区銀座1—25—2にある京橋公園に、中央区教育委員会の名で蜊河岸の説明板があり、中央区の公式見解ではこの地のようだ。

四代春蔵から優秀な弟子が集まる

直一の実子直雄《なおかつ》が三代目春蔵として士学館を受け継ぐが、優れた門弟が一人として現れなかった。その上、文政十三年（一八三〇）に斎藤弥九郎の練兵館と門弟の奪い合いで諍《いさか》いとなり、千葉周作の提案で親善試合を名目にして決着を付けたが、士学館側は惨敗してしまった。

　直雄の娘が沼津《ぬまづ》藩士に嫁いだ縁で、沼津藩士田中《たなか》惣右衛《そうえ》門《もん》の次男甚助《じんすけ》が一四歳で入門した。甚助は直心影流を学んで太刀筋がよく、三年後には初伝の目録を授け、直雄の娘

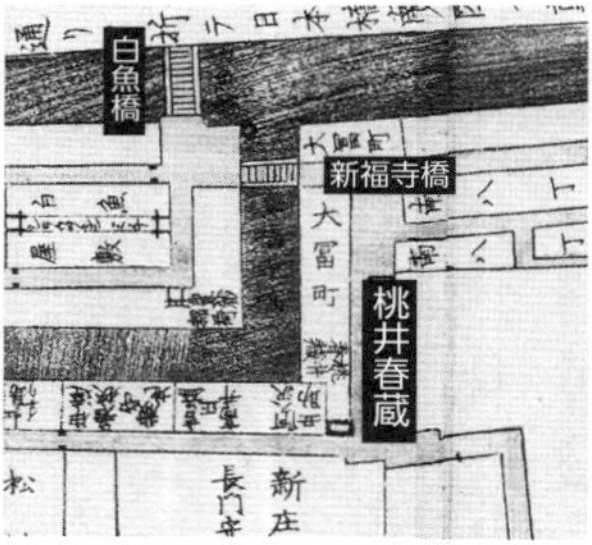

近江屋板切絵図の桃井春蔵

きくの婿養子として左右八郎直正《そうはちろうなおまさ》とした。直正が二五歳になると奥伝を授け、四代目春蔵とした頃には門人に上田馬之助《うえだうまのすけ》や逸見宗助《へんみそうすけ》の逸材もそろい、江戸三大道場の一つとされても恥じることはなくなった。

安政三年（一八五六）、直正の門人が土佐藩に招かれると、多くの土佐藩士が士学館で学び、土佐勤王党を率いる武市半平太《たけちはんぺいた》も内弟子となった。直正は武市に免許皆伝を与えて塾頭にすると、武市は門人の風紀を正し、直正に政治を教えた。

文久二年（一八六二）、直正は与力格の幕臣になり、講武所《こうぶしょ》教授方や遊撃隊頭取並にも任じられ、将軍家茂の護衛で上洛したが、家茂が大坂で死去した。

十五代将軍慶喜は、幕府の退勢挽回に尽力するが、大政奉還に追い込まれた。慶応四年（一八六八）一月に、旧幕府軍が政権奪回を目指して京へ進攻すると、直正は朝廷に剣を向けることを嫌い、お役御免願を提出し隠棲した。幕臣や門弟が幕府のために戦うことを勧めたが、自己の信念を曲げることはなかった。

岡田十松

神道無念流
撃剣館道場：千代田区猿楽町1―1―1（お茶の水小学校）

厳格にして人格者

岡田十松吉利は、武州の郷士岡田又十郎《またじゅうろう》の次男で、松村源六郎《まつむらげんろくろう》に剣を学ぶ。松村は十松の非凡の才を見て、師の神道無念流を創始した戸賀崎熊太郎《とがさきくまたろう》に師事させた。

十松は二二歳で神道無念流の奥義を受け、現在の千代田区猿楽町《さるがくちょう》1―1―1のお茶の水小学校あたりに「撃剣館」道場を開いた。お茶の水小学校の前身錦華《きんか》小学校は夏目漱石《なつめそうせき》など著名人を輩出している。

穏和な十松に藤田東湖、江川太郎左衛門、渡辺崋山などが門人として名を連ね、師の熊太郎が道場と長子の胤芳《たねよし》を十松に頼んで郷里に帰ると、道場では師として胤芳に厳しく対したが、道場を出ると草履を揃えてやるような人格者であった。

男谷精一郎

直心影流
亀沢道場：墨田区石原2—10（二葉小学校北）

男谷精一郎（港区立港郷土資料館蔵）

勝海舟の従兄弟

男谷精一郎信友《おだにせいいちろうのぶとも》は、寛政十年（一七九八）に水戸家家臣の男谷忠之丞《ちゅうのじょう》の妾腹に生まれ、二〇歳のときに同族の幕臣男谷彦四郎《ひこしろう》の婿養子となった。

彦四郎の弟左衛門太郎《さえもんたろう》は通称を小吉《こきち》といい、幕府海軍創設に関わった勝海舟の父であるため、精一郎と海舟は系図の上では従兄弟である。

精一郎は後に「剣聖」と呼ばれたが、若い頃は小吉とともに平山行蔵《こうぞう》から兵法を学んだ時期もあり、小吉や兄の忠《ちゅう》次郎《じろう》と、盛り場へ行って喧嘩を売って歩いたという。

精一郎は八歳から本所亀沢町《かめざわちょう》の団野真帆斎《だんのしんぱんさい》から直心影流を学び、文政六年（一八二三）に免許皆伝を受け、麻布狸《まみ》穴《あな》に道場を開くことを許されたが、やがて団野は隠退し、精一郎が団野の道場を継いだ。道場の場所は墨田区石原《いしわら》2—10あたりで、二葉小学校の北側とされる。尾張屋板切絵図「本所繪図」には、男谷精一郎の名がある。ちなみに、ここは勝海舟が生まれた男谷の屋敷で、現在の両国公園である。

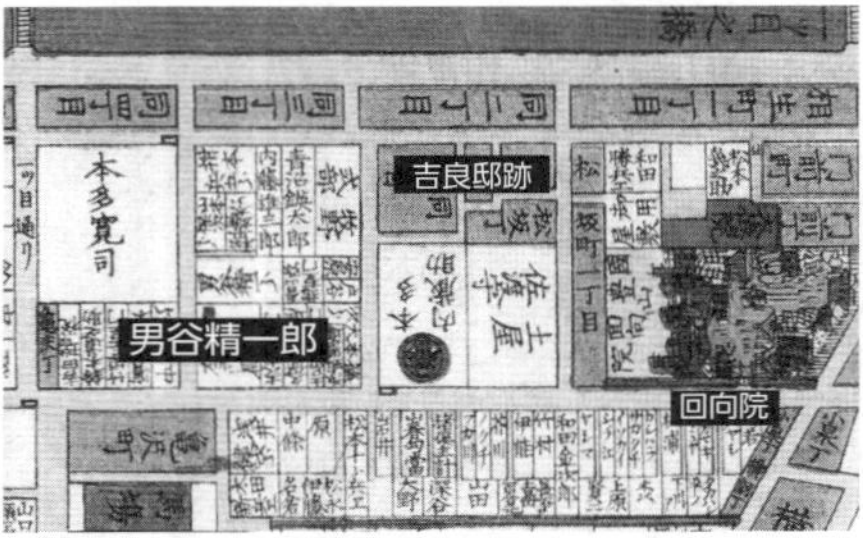

尾張屋板切絵図「本所繪図」

天保三年（一八三二）に、筑前《ちくぜん》国柳川《やながわ》藩の大石進《すすむ》が江戸へ出府し、江戸の名門道場に試合を挑んだ。大石の父種行《たねゆき》は柳川藩槍術師範役で、大石は槍術から案出した五尺三寸の長竹刀での左片手突きを必殺技にしていた。大石の長身から繰り出す長竹刀で、江戸の道場主は次々と突き伏せられ大混乱になっていた。

大石と対戦した道場は情報を流したり、試合を挑まれると各道場主に見学させて対抗策を練らせた。千葉周作は大石の突きを防ぐために四斗樽《しとだる》の蓋《ふた》を竹刀の鍔《つば》にする奇手を用い、かろうじて引き分けていた。

大石は精一郎にも挑んだが、精一郎は大石の突きを頭を軽く左右に振るだけでかわして勝利した。大石の残した記録では、精一郎との試合を分析して狙いをやや下げる工夫をし、翌日に再試合を求めて勝利したとしている。

講武所が創設され頭取に

精一郎は門弟に他流試合を奨励し、試合の申し込みも進んで受けたが、相手への思いやりから、三本のうち一本は相手に取らせた。天保七年（一八三六）に、九州各地で修行を重ね、江戸に出てきた中津藩士の島田虎之助《しまだとらのすけ》は、精一郎から一本を譲られたことがわからず、同じ直心影流の井上伝兵衛から難なく退けられた。井上から真の名人は男谷精一郎と教えられ、精一郎の下で修行するようになる。

その後、精一郎は島田を諸大名家に伴って、名を知られるように配慮してやり、勝麟太郎《りんたろう》（海舟）を島田の内弟子にした。勝は島田のアドバイスで蘭学を学び運命を切り拓いていく。

天保の改革で文武を奨励した老中首座水野忠邦は、精一郎の剣と人格に魅了され、全家中の者を入門させるほどに惚れ込んだ。水野は精一郎を一〇〇石取りの小十人《こじゅうにん》頭《がしら》から書院番、徒《かち》頭へと抜擢し、精一郎は水野に幕臣のための武道場である講武所創立を献言した。だが、水野は天保の改革の失敗により失脚し、講武所案は保留された。

嘉永六年（一八五三）六月にペリーが来航したが、太平になれた武士の士気は上がらなかった。水野から政権を受け継いだ阿部正弘《まさひろ》は危機感を持ち、精一郎の講武所案を採用した。安政三年（一八五六）に築地《つきじ》に創設し、精一郎は頭取を務め、竹刀の長さを三尺八寸（約一一五センチ）に規定したことは、現在の剣道界でも継承されている。

亀沢道場があった二葉小学校の北付近

文久二年（一八六二）、御先手頭で三〇〇〇石を給され、下総守《しもうさのかみ》を名乗る。翌年の将軍家茂上洛に供奉する準備をするが体調を崩し、元治元年（一八六四）七月に六七歳の生涯を閉じた。

榊原鍵吉

直心影流
車坂道場：台東区上野4—2（上野警察署前）

将軍家茂に愛された偉丈夫

幕臣榊原《さかきばら》益太郎《ますたろう》の長男として広尾《ひろお》で生まれた榊原鍵吉《けんきち》は、一三歳の時に、当時狸穴にあった男谷精一郎の道場に入門した。母が死去すると榊原家は下谷根岸《ねぎし》に移転した。鍵吉は弟たちの面倒を見ねばならなかったが、三里（約一二キロメートル）ある狸穴まで通い続けた。それを見かねた男谷は、もっと近くの道場に通うように諭し、父も下谷車坂の井上伝兵衛に学ぶように勧めたが、鍵吉は通い続けた。

榊原鍵吉（国立国会図書館蔵）

やがて男谷道場が亀沢に移転すると、鍵吉の剣技は向上し「男谷の秘蔵の弟子」と称されるようになり、嘉永二年（一八四九）、鍵吉は二〇歳で免許皆伝を受けることになった。だが、榊原家は二〇〇俵高の小普請組の上に家族が多く、生活に困窮していた。事情を察していた男谷は、皆伝の用意を調えて祝ってやったという。

安政四年（一八五七）に、男谷が設立に関わった講武所の剣術教授方となった。安政七年（一八六〇）に桜田門外の変が起こると、文久元年（一八六一）に将軍身辺警護の親衛隊「奥詰《おくづめ》」が組織され、講武所の武芸者から鍵吉ら六〇名が選ばれた。

尾張屋板切絵図「東都下谷繪図」

鍵吉は身長六尺（約一八〇センチ）の偉丈夫で、毎朝重さ三貫（一一・二五キログラム）の赤樫《あかがし》の八角棒を一〇〇〇回振って鍛え、上膊部の太さは一尺八寸（約五四センチ）という常人の太腿ほどもあったという。こんな鍵吉を一六歳の将軍家茂は「豪傑」と呼んで武骨さを面白がり、不器用さを愛した。鍵吉は両御番上席から、二ノ丸留守居役で三〇〇俵を給されるようになる。

文久三年（一八六三）、鍵吉が家茂の上洛に供奉した間に、師の男谷が亡くなったと知り、豪傑の鍵吉は人目を憚《はばか》らず号泣した。慶応元年（一八六五）の上洛にも供奉したが、翌年

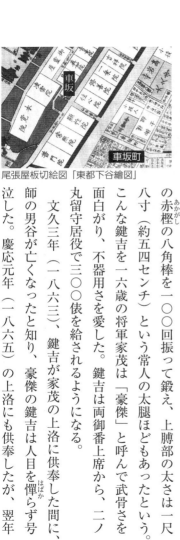

鍵吉の車坂道場があった上野警察署付近

家茂が大坂で病没すると、鍵吉は悲嘆にくれて江戸に帰った。
幕府は長州征伐の敗戦で装備の遅れを覚り、陸軍改革をして講武所を廃し陸軍所とした。教授内容も砲術のみで、鍵吉ら剣術教授方や槍術教授方は遊撃隊頭取となった。
その後、鍵吉は、下谷車坂に道場を設けた。下谷車坂は、現在の東京文化会館あたりにあった凌雲院《りょううんいん》から上野駅に下る坂である。上野寛永寺の寺域から東は御徒士組や小役人が住み、町屋の車坂町に鍵吉の道場があったと思われる。現在の台東区上野4―2―4で、上野警察署の前である。鍵吉の稽古は「榊原の薪割《まきわ》り剣術」とされ、弟子に面金を外させず竹筒で粥《かゆ》をすすらせるという激しいものだった。
家茂が後継に田安亀之助《たやすかめのすけ》（徳川家達《いえさと》）を望んでいたことで、鍵吉は新将軍の慶喜に仕えることはなかった。道場近くの上野の山に彰義隊が籠もった際、指揮の要請に応じることはなかった。だが、彰義隊が新政府軍に敗れ、擁立された輪王寺宮が上野を退去する時には、上野の山に駆け付け、根岸の麻生《あそう》将監《しょうげん》屋敷まで送った。

明治天皇に兜割りを上覧

明治三年（一八七〇）、駿府に移住していた鍵吉は、東京に帰って道場を再開すると、行き場のない門人などが集まり、食客が増えて生活は行き詰まった。

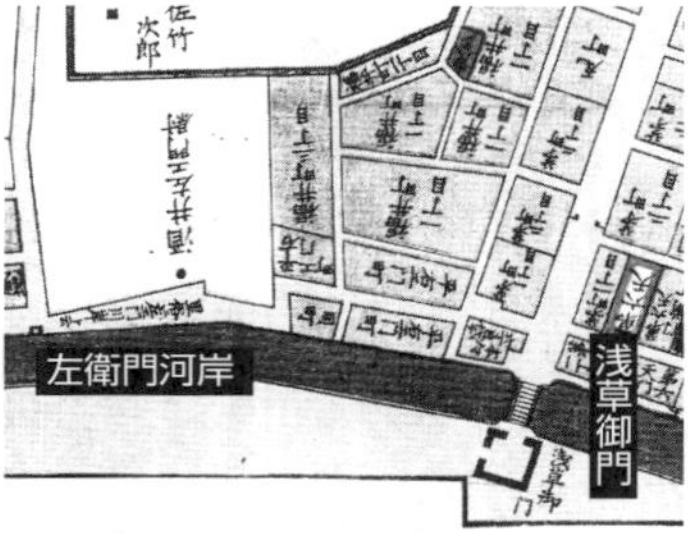

尾張屋板切絵図「東都浅草繪図」

鍵吉を贔屓《ひいき》にする浅草の新門辰五郎《しんもんたつごろう》らが、相撲興行を参考にした「撃剣会」開催の案を立てると、鍵吉も剣の神髄を庶民に普及させると考えて了承した。

明治六年（一八七三）四月十五日から一〇日間、浅草左《さ》衛門河岸《えもんがし》で撃剣会を開催すると大盛況になった。左衛門河岸は、出羽国庄内藩酒井左衛門尉《さえもんのじょう》の下屋敷に沿った神田川の河岸で、現在のJR浅草橋駅西方である。

これを見た千葉や斎藤など、各流派の剣士たちも撃剣興行を行なったが、鍵吉は剣士が芸人化すると、最初の興行だけでやめてしまった。

道場には前原一誠《まえばらいっせい》や逸見十郎太《じゅうろうた》らの政府高官や、ベルツ博士や陸軍戸山学校教官ウイラレーやキールも入門し、なんとか竹刀の音をさせていたが、鍵吉の困窮生活に変わりはなかった。辰五郎たちは庭に長屋を建てて店賃《たなちん》が入るようにしたり、道場を夜だけ寄席《よせ》にして、生計が立つように世話した。そして道場の半分を仕切って居酒屋《いざかや》にすると、稽古着の門弟たちが立ち働くのが面白いと客を呼んだが、鍵吉は門弟育成に感心できないと、これもやめてしまった。

明治十九年（一八八六）十一月十一日、明治天皇が紀尾井町《きおいちょう》の伏見宮貞愛《ふしみのみやさだなる》親王邸に行幸した際、鍵吉と警視庁師範で桃井道場の四天王と謳われた上田馬之助と逸見宗助の二人が兜《かぶと》割りを上覧することになった。

上田も逸見も、明珍《みょうちん》作の兜に刀を跳ね返され仰向けに倒れた。鍵吉は、この日のために同田貫正国《どうたぬきまさくに》が鍛えた蛤刃《はまぐりば》の二尺二寸を用意して臨み、同田貫の棟《みね》が背につくほどに振りかぶって一気に打ち下ろすと刀の刃は三寸五分まで兜を斬ったのである。

明治二十七年（一八九四）、終生ちょんまげで通した最後の剣客は六五歳で没した。

山岡鉄舟

一刀正伝無刀流
生家：墨田区亀沢4—11—15（竪川中学校）
山岡家：新宿区小石川5—1

どん底の貧困に耐えた夫婦

山岡鉄太郎《てつたろう》は、号である鉄舟として知られる。鉄太郎は浅草御蔵奉行で六〇〇石取りの旗本小野朝右衛門《あさえもん》の五男として生まれた。小野家は現在の墨田区亀沢4—11—15の竪川《たてかわ》中学校あたりにあった。

一〇歳の時に、父が飛騨《ひだ》郡代になって赴任したため鉄太郎も高山《たかやま》で過ごす。この時、父が千葉周作の高弟井上清虎《きよとら》を高山に招いたので、鉄太郎も北辰一刀流の指導を受けた。

嘉永四年（一八五一）に母が亡くなり、翌年には父が任地で病死したため、一七歳の鉄太郎は弟たちを連れて江戸に帰った。

山岡鉄舟（国立国会図書館蔵）

山岡鉄舟生家跡の竪川中学校

江戸では千葉道場に通うが、幼い末弟に貰い乳をしたり、添い寝をするため身なりにかまっておれず、「ボロ鉄」と渾名《あだな》されていた。

鉄太郎が二〇歳の時に、槍術の師である山岡紀《き》一郎《いちろう》が急死してしまった。鉄太郎は山岡の弟高橋謙三郎《けんざぶろう》（泥舟《でいしゅう》）から、妹英子《ふさこ》の婿養子になって、一〇〇俵二人扶持の山岡家を継いで欲しいと望まれて承諾する。尾張屋板切絵図「東都小石川繪図」では、小石川鷹匠町で山岡家と高橋家が隣り合っており、現在の新宿区小石川5―1にあたる。

鉄太郎は「鬼鉄」と呼ばれるほどに剣に精進したが、山岡家の極貧は「何も食わぬ日が月に七日位あるのはいい方で、ことによると何にも食えぬ日が月の半分位もあった」と回顧している。英子は家の敷地内に野菜を作り、近所の空き地に生えている野草を食べていたようで、子が生まれても乳が出なかったという。

高橋は講武所槍術教授方に就いており、その推挙があったのか、鉄太郎は講武所剣術教授方世話心得に就くことができた。

浅利義明の幻影がつきまとう

鉄太郎は千葉門下の縁から清河八郎と親しく、清河が呼び掛けた「虎尾の会」にも名を連ねていたが、清河は江戸で殺人を犯し、お尋ね者になって西国に逃亡した。江戸に帰ってきた清河が、幕府に家茂の上洛で将軍警護の浪士組の結成を献策することに、鉄太郎も協力して採用された。文久三年（一八六三）に鉄太郎は浪士取締として上洛したが、清河は浪士組を尊王攘夷の尖兵にするとして、幕府を欺《あざむ》いた。

山岡の屋敷があったあたり

驚いた幕閣は浪士組を江戸に帰らせ、鉄太郎も江戸に帰ると、長年修行した剣に納得がいかず浅利義《よし》明《あき》の道場を訪れた。義明は中西忠兵衛子正の次男で、千葉周作が後継を望まれた浅利義信の養子になっていた。

鉄太郎の打ち掛かる剣は浅利にいなされたが、鉄

尾張屋板切絵図「東都小石川繪図」

太郎は右足を搦《から》めて強引に浅利を倒した。鉄太郎は勝負に勝ったと思ったが、浅利が指摘した胴を調べると右側の竹が三本ほど折れていた。浅利は倒れざまに鉄太郎の胴を片手打ちにしていたのだ。

鉄太郎は、浅利に入門して研鑽するが、浅利とは歴然とした力の差があって手も足も出ず、その後一七年間も浅利の幻影が脳裏から離れなくなった。

その間の慶応四年（一八六八）には、鳥羽・伏見の戦いに敗れて逃げ帰って恭順する慶喜を救うため、征討軍参謀西郷隆盛と会見して、新政府軍の江戸攻撃中止の地ならしをし、幕府軍事総裁の勝海舟と西郷の会談を成立させた。

ついに境地を開く

維新後は新政府に出仕して静岡県、茨城県、伊万里《いまり》（佐賀）の県令を務め、明治天皇の侍従《じじゅう》などを歴任し、西南戦争では西郷説得に九州に赴くなど、新時代の中で国事に奔走していた。

だが鉄太郎は剣を忘れたわけではなく、商人が「損得を度外視すると、案外と儲かるものです」と言ったことに思い当たり、浅利に対する剣の形を描くことができた。

明治十三年（一八八〇）、四五歳の鉄太郎は浅利に試合を乞うと、浅利は鉄太郎の構えを見ただけで居住まいを正し「もはや私の遠くおよばぬところです」と言い、流祖伊藤一刀斎所伝の夢想剣の極意を授けた。鉄太郎は剣禅一如《けんぜんいちにょ》の境地から「剣を捨て、剣に頼らぬ」真理にたどりついたと「無刀流」とした。さらに小野次郎右衛門業雄《じろうえもんなりお》から小野派一刀流伝書と瓶割刀《かめわりとう》を与えられると、流儀を「一刀正伝無刀流」とした。

鉄太郎は、明治二十年（一八八七）頃から健康がすぐれず、翌年七月に五三歳の生涯を閉じる。臨終を見舞った勝海舟が「どうだい」と聞くと、鉄太郎は「もう、そろそろです」と応じ、勝は「それじゃ、気を付けて行っといで……」と帰って行った。

山岡が国事に殉じた人の菩提《ぼだい》を弔うために建立した台東区谷中の全生庵《ぜんしょうあん》に、臨終を迎える山岡の画があるが、座禅を組んだままの大往生であった。

伊庭秀俊

心形刀流
伊庭道場：台東区上野5―1―1

御家人の門弟が多かった伊庭道場

伊庭是水軒秀明《いばぜすいけんひであき》は志賀如見斎《しがにょけんさい》に本心刀流《ほんしんとうりゅう》を学んで印可を受け、天和二年（一六八二）に下谷御徒町に伊庭道場を開く。尾張屋板切絵図「東都下谷繪図」に、現在は昭和通りになっている和泉橋に通じる御徒町の通りの角に「伊庭軍兵エ」とある。現在の台東区上野5―1―1あたりで、蔵前通りとの交差点にある北陸銀行になっている。

是水軒は、形（技）を作るのは心で、心が素直であれば形も素直となり、心・形・刀の三位一体の動きが可能になるとし、心形刀流《しんぎょうとうりゅう》という流名を立てた。

二代目は長男の軍兵衛秀康《ぐんべえひでやす》が継ぎ、心形刀流を免許皆伝された平戸《ひらど》藩主松浦静山《まつらせいざん》は、秀康が心形刀流の体系を確立したとしている。三代は秀康の婿養子直保《なおやす》が継いだ。

是水軒の次男秀澄《ひでずみ》は幕臣として大番与力、四男秀之《ひでゆき》は徒士となる。秀之は長兄秀康の子秀直《ひでなお》を養子とし、幕府が秀直に伊庭宗家四代を継がせた。

宝暦《ほうれき》十二年（一七六二）に秀直が没すると、秀直の養子秀矩《ひでのり》が継ぐが、年少のため秀之の妹婿の岡村秀清《おかむらひできよ》が補佐することになった。この頃、道場は振るわなかったが、隣家に盗賊が押し入ったのを岡村らが捕らえたことで伊庭道場の名が上がり、昔日の繁栄を取り戻した。江戸三大道場に伊庭道場を加え四大道場ともする。

伊庭家には、門弟の中でもっとも実力と人格が優れた者に、流派と軍兵衛の名乗りを継がせる家訓があり、七代秀淵《ひでなみ》は高弟の三橋銅四郎《みつはしどうしろう》を養子として八代を継がせ、秀業《ひでなり》を名乗らせた。秀業は伊庭道場を、門弟一〇〇〇人の大道場に繁栄させた。土地柄から御家人の門弟が多かった。

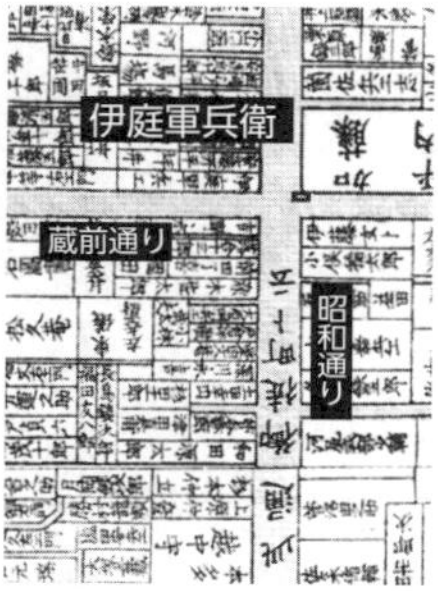

尾張屋板切絵図「東都下谷繪図」

北陸銀行になっている伊庭道場跡

秀業は水野忠邦に見出されて、書院番士となって加増を受けたが、水野が失脚すると、伊庭家に累《るい》がおよぶことを避けて隠居した。

箱館に散った伊庭八郎

隠居した秀業には、一六歳の実子八郎《はちろう》がいたが、伊庭家は高弟の垪和惣太郎《はがそうたろう》を九代目に選び秀俊《ひでとし》を名乗らせた。秀俊は秀業の五人の子を養子とした。

秀俊は、将来は秀業の実子八郎と、自身の娘礼子《れいこ》を一緒にさせ、師の血統に戻すことを予定していたが、八郎は秀俊の心遣いがかえって気詰まりであったのか、佐幕運動に身を投じる傍らで吉原稲本楼《いなもとろう》の遊女小稲《こいね》に馴染んでいた。

安政三年（一八五六）に、幕府が講武所を開くと秀俊は出仕を命じられたが、三橋虎蔵《とらぞう》と湊信八郎《みなとしんはちろう》を剣術教授方に推薦し、自らは剣術教授方世話心得に甘んじた。文久元年（一八六一）に剣術教授方たちは将軍親衛隊の「奥詰」となり、三橋も湊も名をつらね、奥詰が増員された時に秀俊も加えられた。

慶応二年（一八六六）に、講武所が陸軍所となると、秀俊は遊撃隊長になり、新政府の世になると、築地の海軍兵学校で剣道教授になる。

一方の八郎は、鳥羽・伏見の戦いに遊撃隊の一員として従軍し、敵弾を具足の胸に受けた衝撃で吐血して気を失った。江戸に帰った八郎は、江戸城の無血開城に不満を抱き、三十余名の同志とともに脱走した。上総国《かずさ》請西《じょうざい》藩主の林忠崇《はやしただたか》を擁し、箱根で新政府軍を阻止するために伊豆に渡った。

小田原藩は藩論がまとまらなかったが、最終的には新政府方になり、八郎ら脱走軍討伐の行動を開始した。慶応四年（一八六八）五月、八郎は小田原藩士高橋藤太郎《ふじたろう》との戦闘で、左腕を斬り落とされてしまった。

隻腕《せきわん》になった八郎は、榎本《えのもと》艦隊に合流して箱館に向かうが、八郎の乗る帆船の美賀《みか》保丸《ほまる》は嵐で航行不能になり銚子《ちょうし》近くに漂着した。

横浜で潜伏していた八郎は、外国船に便乗して箱館に渡り、明治二年（一八六九）四月の木古内《きこない》の戦いで被弾した。八郎は五稜郭《ごりょうかく》の病院で治療を受けたが、五月十一日の政府軍の総攻撃では、重傷者にモルヒネが配布され、八郎は安楽死を選んだとされる。伊庭家九代宗家は八郎の弟想太郎《そうたろう》が継いだ。

近藤勇

天然理心流
試衛館道場：新宿区市谷甲良町3

沈着冷静な少年が天然理心流を継承

幕末の京で活躍した、新選組の局長として知られる近藤勇は、武蔵《むさし》国多摩郡上石原《かみいしわら》の富裕な農家宮川久次《みやがわきゅうじ》の三男に生まれ、勝太《かつた》とされた。生家跡は現在の調布《ちょうふ》市野水《のみず》1―6―8にあり、西武多摩川線多摩駅から東に行く人見《ひとみ》街道沿いである。生家跡近くの龍源寺に勇の墓と勇の胸像がある。

近藤勇（国立国会図書館蔵）

多摩地域は幕府直轄領のため、百姓も武芸を重んじる気風があり、彼らは江戸の牛込柳町《やなぎちょう》に試衛館《しえいかん》道場がある天然理心流《てんねんりしんりゅう》の剣を学んでいた。試衛館道場は、現在の新宿区市谷甲良《こうら》町3の、幕府の作事奉行配下の大棟梁であった甲良氏の屋敷内にあったとされる。

「試衛館」跡の碑

龍源寺の近藤像

天然理心流三代は近藤周助《しゅうすけ》を名乗り、日野《ひの》の豪農佐藤彦五郎《ひこごろう》らの支援を受け、勇の父も熱心な門弟の一人で自宅に道場を設けていた。

この頃、宮川家に数人の賊が入り、刀を抜いて飛び出そうとした兄の粂次郎《くめじろう》を、勝太が冷静に引き止め、二人は賊が引き上げるところに飛び出して斬り立てた。粂次郎が盗品を投げ出して逃走する賊を追おうとしたが、勝太は「窮鼠《きゅうそ》が猫を噛むということもあるでしょう」と押し止めた。これを聞いた近藤周助は、勝太を養子にして後継者とし、勝太は近藤勇昌宜《まさよし》となった。

池田屋事件で新選組の名をあげる

嘉永六年（一八五三）のペリー来航によって日本は開国したが、諸外国との貿易は日本国内の物価を高騰させ、攘夷を叫ぶ志士の行動は活発になってゆく。

幕府は清河八郎が献策した浪士組結成を取り上げ、不穏な京の治安維持に投入する

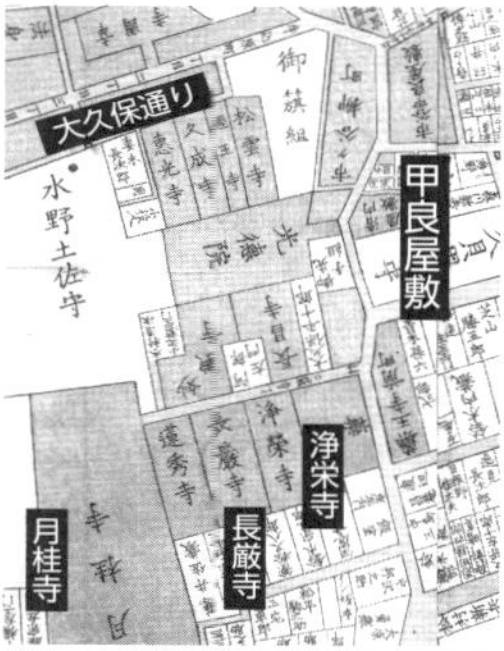

尾張屋板切絵図「市ヶ谷牛込繪図」

ことになった。幕府の予定では、浪士五〇人程度とし、一人五〇両の支度金を支給するとした。

浪士組募集の通達は江戸三大道場などに知らされたが、剣界で知名度がない近藤の試衛館にはなかった。近藤は道場に寄食する浪人からこの情報を得たのである。

この頃、江戸にコレラが蔓延《まんえん》して、近藤は道場経営が苦しくなっていた。近藤は主な門下や食客に諮《はか》って、浪士組に応募することにした。ところが二三四人もの応募があり、中には祐天仙《ゆうてんせん》之助《のすけ》という博徒が参加するなど、素性の怪しい者もいた。

文久三年（一八六三）二月に浪士組は上洛した。だが、これを発案した清河は浪士組を攘夷の尖兵とする計画で朝廷工作を開始する。清河に欺《あざむ》かれた幕府は、彼らを江戸に呼び戻した。国難に剣を役立てたい近藤ら天然理心流一派と、水戸の天狗《てんぐ》党崩れの芹沢鴨《せりざわかも》が率いる一派は京に残り、京都守護職の預かりとなって新選組を結成した。

半年後に起こった「八月十八日の政変」で、会津《あいづ》藩と薩摩藩は長州藩を京から追い落とす。この時、新選組は会津藩別働隊として出動した。

その後、新選組は市中見廻りを務めるようになったが、芹沢一派の市中での粗暴な行動は悪評が高く、近藤一派がこれを粛清し、新選組を主導した。局長の近藤と副長の土方歳三はともに多摩の農民出身だが、武蔵の武人を自負して規律で隊士を厳しく縛り、幕府を代表する警察組織に作り上げていったのである。

「甲州勝沼驛於近藤勇驍勇之図」
(国立国会図書館蔵)

元治《げんじ》元年（一八六四）、前年に京を追われた長州藩士が、京に潜伏して失地回復の策動をはじめた。密偵の探索で古道具屋を営む攘夷派志士の古高俊《ふるたかしゅん》太郎《たろう》を逮捕し、古高の自白により、攘夷派志士が風の強い日を選んで、御所に放火するなどを計画していることを知った。

六月五日の夜、近藤は攘夷派志士の集合場所を三条の旅籠池田《いけだ》屋か四国屋と目星をつけ、一隊は土方が率いて四国屋に向かわせ、近藤らは七人で池田屋に乗り込んだ。

池田屋に四〇人ほどの志士が集まっていたが、近藤は土佐脱藩浪士の北添佶磨《きたぞえきつま》を斬り、二階に駆け上がった。少数の味方は、剣は技より気組みとする近藤の甲高い掛け声に励まされたという。間もなく土方の別働隊が駆け付け、京都守護職や京都所司代が池田屋を包囲した。新選組は七人を討ち取り、二三人を捕縛する戦果を挙げた。

この池田屋事件で新選組の名が知れ渡り、続く禁門《きんもん》の変にも出動した。近藤は政治行動に忙殺されるようになると、隊の運営を土方に任せ、剣を振るうことはなくなった。新選組は厳しく志士たちを追ったため、彼らから幕府の走狗《そうく》と怨みを買っていた。

時代に押し流された近藤

時代は転変して、長州藩と薩摩藩が同盟し、幕府は二度の長州征伐に失敗すると政治主導するのが困難になり、将軍慶喜は朝廷に大政を奉還し、大坂に移った。

新選組は新遊撃隊御雇となって伏見の警備についた。慶応三年（一八六七）十二月十八日、近藤は所用で京に行った帰途に、新選組に斬殺された伊東甲子太郎《いとうかしたろう》の同志から狙撃される。銃弾は馬上の近藤の右肩を貫通し、近藤はおびただしい出血にもかかわらず落馬することなく伏見奉行所に駆け込んだ。この狙撃隊に加わっていた元新選組隊士の阿部十郎《じゅうろう》は、明治時代の『史談会速記録』に「近藤は撃剣にかけては、なかなか熱心なものでございます。そのため榊原鍵吉か近藤勇かとされましたが、実戦では近藤の方が上だろうとされていました」と語っている。

翌年正月の鳥羽・伏見の戦いで、新選組は壊滅的な被害を受け、江戸に帰った近藤は、甲陽鎮撫隊《こうようちんぶたい》を組織して甲府に向かった。甲陽鎮撫隊は勝沼《かつぬま》で戦って敗走した。その後、近藤は大久保大和《やまと》と名を変え、下総国流山に一隊を屯集させ、挽回を策していた。

板橋宿にある近藤と土方の墓

慶応四年（一八六八）四月三日、突然に新政府軍に包囲され、近藤こと大久保は釈明のために敵陣に向かった。近藤の処遇は土佐藩と薩摩藩で争ったが、新選組によって多くの犠牲者を出した土佐藩の谷干城《たにたてき》が押し切った。近藤は移送された中山道板橋宿で斬首され、三五歳の生涯を閉じた。

平山行蔵

講武実用流
平原草廬道場：新宿区三栄町17

父母は行蔵が武辺で名を揚げることを望む

平山行蔵は、三〇俵二人扶持の伊賀同心の平山甚五左衛門《じんござえもん》の子に生まれ、一二、三歳の頃から、土を詰めた米俵を肩まで持ち上げることに挑戦し、これが達成すると中風で寝ている父は扇を開いて喜び、母は嬉しさに泣いたという。後に力士の雷電《らいでん》と力比べをして、舌を巻かせたとも言われている。

平山行蔵（模写）

行蔵の屋敷は、現在は新宿区三栄町17の伊賀者の居住地である四谷伊賀町にあり、下級幕臣が住む新堀江町、御簞《たん》笥《す》町、御持組とともに大縄地《おおなわち》だった。三栄町は、昭和十八年（一九四三）に北伊賀町、新堀江町、簞笥町が合併した際に、三町が栄えるようにという願いを込め三栄町としたものである。

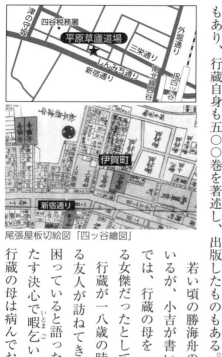

行蔵は昌平黌《しょうへいこう》に学び、普請《ふしん》見習いで下勘定所に出仕したこともあるが、父は行蔵が武辺で名を揚げることを望んでいたため、役を退いて小普請（無役）入りしている。だが和漢の書を大量に所蔵し、武芸書だけで一八〇〇部、城や兵器の図は四二〇部もあり、行蔵自身も五〇〇巻を著述し、出版したものもある。

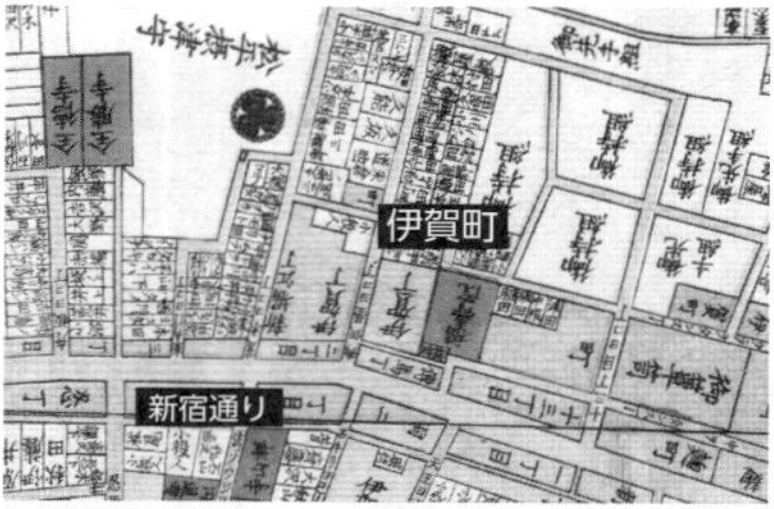

尾張屋板切絵図「四ッ谷繪図」

若い頃の勝海舟の父小吉は行蔵に学んでいるが、小吉が書いた『平子龍先生遺事《へいしりゅうせんせいいじ》』では、行蔵の母を「無髭丈夫《ひげなしますらお》」の異名をとる女傑だったとしている。

行蔵が一八歳の時、番町の屋敷に奉公する友人が訪ねてきて、主人の無理難題に困っていると語った。友人は主人を討ち果たす決心で暇乞《いとまご》いに来たのがわかったが、行蔵の母は病んでおり、友情と孝行の板挟みになって、助太刀をするとは言えずに見送った。

ところが病床の母は、行蔵に「そなたは話をどのように聞いたのじゃ」と問うた。行蔵は自分が助太刀に向かかえば母を看る者がいなくなると言うと、母は「そなたを人と見込んで頼みにまいられたのじゃ」と、行蔵に三尺の刀を与え、水盃をして送り出した。行蔵が番町の屋敷に駆けつけると、友人は主人を討ち、腹を切ろうとしていた。行蔵は事情を話して謝り、友人を介錯《かいしゃく》したという。行蔵は結婚すれば、迎えた妻が母を粗略に扱うこともあると生涯独身を通し、母への孝養を尽くした。

戦国武士そのままに生きる

行蔵は「常在戦場《じょうざいせんじょう》」の信条で、味噌と香の物を副食にして玄米飯を食べ、甲冑を着込んで土間に寝た。目の粗《あら》い麻の細布《ほその》の袷《あわせ》の袴《はかま》に、木綿の単衣《ひとえ》に袖無し羽織が普段着で、極寒にも足袋《たび》を履かず、夏にも蚊帳《かや》を吊らず、総髪の髪は麻紐で結んだだけだった。

行蔵の剣の流儀は、丸目《まるめ》蔵人佐《くらんどのすけ》が編み出したタイ捨流《しゃりゅう》を継いだ奥山左衛門太夫《おくやまさえもんだゆう》が創始した忠孝真貫流《ちゅうこうしんぬきりゅう》で、行蔵は十代目を称し、後に講武実用流と改称する。この流儀は稽古では防具を使わず、一尺三寸の短い竹刀で相手の胸を目がけて一撃一殺の気魄《きはく》で踏み込み、背後に突き抜けるものである。

毎朝四時に起きて水風呂で身体を清め、長さ五尺（約一五〇センチメートル）ほどの立木の上に鬼の面を付けたものを、樫の棒で一〇〇回打った。その響きを近隣住人は「平山の七つ（午前四時）時計」と呼んだ。次には四尺の刀の居合抜きを四〇〇本、弓、鉄砲、鎗、乗馬の稽古で鍛錬し、武芸十八般を習得したとしていた。

自宅の道場「平原草盧《へいげんそうろ》」の式台に「他流試合勝手次第　飛び道具其外矢玉にても苦しからず」という、自信満々の額を掲げていた。神道無念流岡田十松門下七人が、行蔵に試合を申し込むと、行蔵は五尺余の木刀を手にして「存分に参られよ」と言った。相手は脱いだばかりの着物を身に着け、挨拶もせずに脱兎《だっと》のごとく逃げ去ったという。

文政四年（一八二一）に、行蔵の師範代を務めた相馬大作が、津軽《つがる》藩主津軽寧親《やすちか》の命を狙う事件もあり、反骨のはぐれ者が集まる行蔵の塾は、幕府から不穏だと睨まれて閉鎖した。戦国武士が甦《よみがえ》ったような行蔵の奇骨の人生は、文政十一年（一八二八）に幕を閉じた。

講武所　千代田区三崎町2丁目

幕臣の武術鍛錬に開設される

日本近海に近代装備の外国船の往来が激しくなると、武士たちは国防のために武術の重要性を再認識した。剣聖とされた男谷精一郎は、老中の水野忠邦に幕臣を対象とする武術場の創設を建白していた。

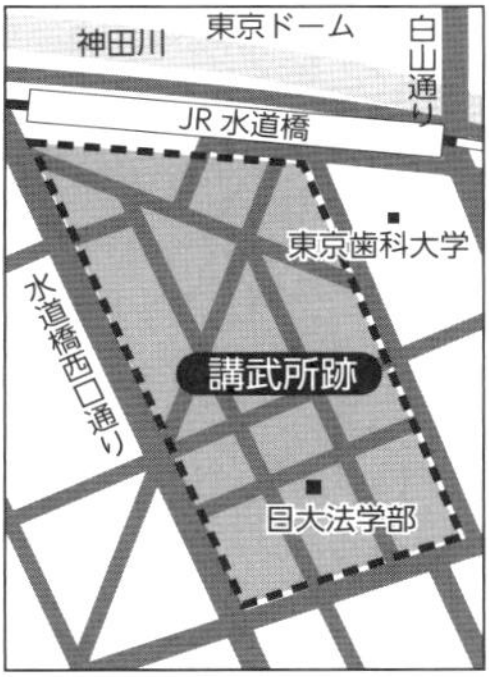

嘉永六年（一八五三）六月に黒船が来航したが、老中首座の阿部正弘ら幕閣には対応策がなく、翌年一月にペリーが再来航すると、砲艦外交に屈して日米和親条約が結ばれ日本は開国に向かった。

安政三年（一八五六）、危機意識をつのらせた阿部は築地に講武所を発足させ、幕臣に武術を鍛錬させた。

講武所での教科は弓術、砲術、槍術、剣術、柔術の部門があり、高島秋帆、下曾根《しもそね》信敦《のぶあつ》、男谷精一郎、窪田清音《くぼたすがね》らを師範とし、榊原鍵吉、伊庭秀業、村田蔵六《むらたぞうろく》（大村益次郎）、勝海舟など、各方面で技を極めた者が教授し、軟弱とされた幕臣たちを鍛錬した。

築地に軍艦操練所が設けられると手狭になり、安政五年（一八五八）に、越後長岡《ながおか》藩牧野《まきの》家上屋敷を上地させ、現在のJR水道橋駅の南に位置する、千代田区三崎町2丁目の地に講武所は移転した。日大経済学部構内に講武所の案内板がある。幕府は講武所の維持費に、筋違《すじかい》御門外の加賀原《かがのはら》（本郷代地～四ヶ町代地）を町屋にしてあてた。

尾張屋板切絵図「小川町繪図」

日大法学部構内の講武所案内板

文久元年（一八六一）には、将軍親衛隊の奥詰が新設されると、講武所の教授方が登用された。幕府も刀鎗の時代ではなくなったと覚り、砲術中心の軍制改革がされるようになった。慶応二年（一八六六）には陸軍所になり、砲術訓練所となった。

第四章
江戸の著名人たちはどこに住んでいた

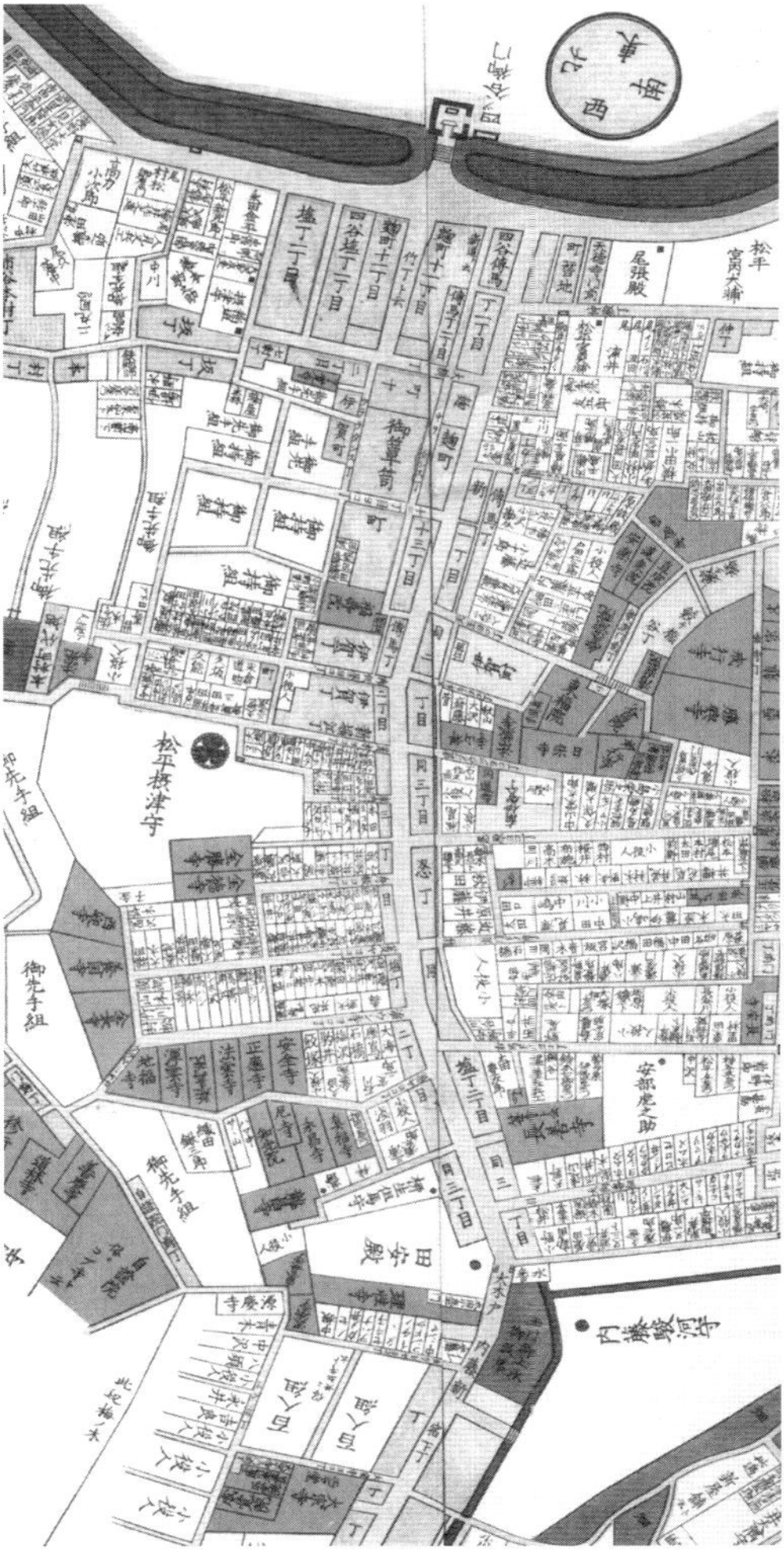

尾張屋板江戸切絵図「千駄ケ谷 鮫ケ橋 四ツ谷繪図」

大久保彦左衛門

千代田区駿河台1―8

家康から評価されない大久保一族

大久保彦左衛門忠教《ひこざえもんただたか》の大久保家は、徳川氏が三河の土豪で松平氏とされた時代から仕えた宿老である。彦左衛門は、大久保忠員《ただかず》の八男として生まれ、一七歳の初陣以来、兄の忠世《ただよ》や忠佐《ただすけ》らの下で各地を転戦した。彦左衛門の初陣は、天正三年（一五七五）の長篠《ながしの》の戦いの前哨戦《ぜんしょうせん》での鳶ノ巣山《とびのすやま》の攻防が知られるが、これは講談の脚色とされる。

天正十八年（一五九〇）、徳川家康が江戸に移封されると、同じ譜代宿老の酒井、本多、榊原、井伊などは十万石を与えられた。家康は大久保家に何か悪感情があるのか、兄忠世は小田原城主に任じられたが、新参ともいえる井伊より見劣りがする、四万五〇〇〇石という処遇であった。忠世の死後は嫡男の忠隣《ただちか》が継ぎ、自分の所領と合わせて六万五〇〇〇石になると、彦左衛門は忠隣から二〇〇〇石を与えられた。

次兄の忠佐は駿河国沼津で二万石を領していたが、嫡子忠兼《ただかね》が早世したため弟の彦左衛門を養子にして継がせようとした。ここで彦左衛門の臍《へそ》曲がりが頭をもたげ「自分の勲功ではないものを受け継げない」とし、忠佐の死で沼津藩は無嗣改易となった。

大久保本家の忠隣は、慶長十六年（一六一一）に嫡男忠常《ただつね》が病没したことで意気消沈し、慶長十九年（一六一四）には家康から疎《うと》まれて失脚し、改易されて五〇〇〇石の捨て扶持を与えられた。彦左衛門は所領を失ったが、家康から旗本として一〇〇〇石を与えられ、現在は杏雲堂《きょううんどう》病院が建つ千代田区駿河台1―8に屋敷を営んだ。

大久保彦左衛門屋敷跡の碑

駿河台は本郷台地の南端であるが、元和六年（一六二〇）に、幕命により仙台伊達藩が神田川を開削し、仙台堀を作ったため、湯島台と駿河台に分離され、駿河台には駿府から江戸に移住した幕臣が居を構えていた。

明治時代に、明治・日本・中央・専修

という私立の法律学校四校が創設され、予備校や専門学校が多く集まっているほか、神田川対岸には東京医科歯科大学、順天堂大学があり、国内最大の学生街である。

強情で皮肉屋を貫く彦左衛門

彦左衛門の強情さは、家康に疎まれることもあった。『三河物語』を著わして、大久保一族がいかに徳川家のために働いてきたかを子孫に伝え、そこには新参の土井利勝《どいとしかつ》らが幅を利かせることに忸怩《じくじ》たる思いがあった。土井に招かれた彦左衛門は、土井から大坂の陣で騎乗した栗毛の逞しい馬を秘蔵の馬として見せられた。彦左衛門は「大坂の陣で乗って逃げた馬とはこれでござるか」と言い、馬に向かって「汝は忠義者なり。よくも旦那《だんな》を乗せて逃げおおせた」と言ったので、居合わせた面々を唖然《あぜん》とさせた。

言いたいことを、だれ憚《はばか》ることなく口にする彦左衛門を、三代将軍家光は気に入り、たびたび呼んでは昔話を語らせ三〇〇〇石に加増した。

映画などでは「天下のご意見番」として、魚屋の一心太助《いっしんたすけ》を相棒にして、弱きを助ける義俠の旗本としている。

春日局　墓所：文京区湯島4―1―8（麟祥院）

将軍家の乳母となり一族も抜擢される

春日局《かすがのつぼね》は本名を斎藤福《ふく》といい、父斎藤利三《としみつ》は美濃国の名族斎藤氏の一族で明智光秀《あけちみつひで》の重臣、母は戦国武将稲葉一鉄《いってつ》の娘である。

父は光秀が起こした本能寺《ほんのうじ》の変で織田信長を討つが、山崎《やまざき》の戦いで羽柴《はしば》秀吉に敗れ、近江国堅田《かたた》で捕らえられて処刑された。福は母方の稲葉家に引取られ、遠縁の三条《さんじょう》西公国《にしきんくに》に養育され、書道や歌道、香道などの教養を身につけた。これが後に役立つ。

礫川公園の春日局像

その後、福は小早川秀秋《こばやかわひであき》の家臣稲葉正成《まさなり》の後妻となる。正成は関ヶ原の戦いで秀秋を東軍に寝返らせて、家康の勝利に貢献していたが、秀秋の急死で浪人となっていた。

福は、京都所司代が将軍家の乳母を求めていると知り、正成と離婚する形をとって応募した。福の家柄や教養、正成の戦功が評価され、慶長九年（一六〇四）に二代将軍秀忠の嫡子竹千代《たけちよ》（家光）の乳母となる。

家光に側室を提供し後継者問題を解決

竹千代の母の江《ごう》は織田信長の姪であるため、福は江から仇の片割れと見られた。竹千代が三歳の時に、弟の国松《くにまつ》が生まれ、江は利発な国松に愛情を注いだ。父の秀忠が国松を気にいった様子がみえると、幕臣たちは竹千代を邪険に扱うようになった。

母に冷たくされた竹千代は、どもるようになり、悲観して自害しようとしたとされる。福は竹千代を励まし、駿府の家康に直訴すると、家康は竹千代を次期将軍として遇し、それによって竹千代の地位は確実なものとなった。

元和九年（一六二三）に、竹千代こと家光が将軍に就任し、寛永二年（一六二五）に関白鷹司信房《たかつかさのぶふさ》の娘孝子《たかこ》を御台所とした。だが家光は母に疎まれたことで、女性に不信感があったと思われ、献身的な小姓たちを情愛の対象にしていた。

寛永六年（一六二九）に、福は家光の疱瘡《ほうそう》治癒祈願に伊勢神宮に参拝し、上洛して御所へ参内《さんだい》を望むが、武家の斎藤福では昇殿の資格がなかった。そこで三条西公国の子実条《さねえだ》の猶妹《ゆうまい》（義理の妹）となった。福は藤原福子として後水尾《ごみずのお》天皇や秀忠の五女であった中宮和子《ちゅうぐうまさこ》に拝謁し、従三位の位階と「春日局」の局号を賜った。

この間も家光の美少年趣味は収まらず、春日局は子がない家光の継嗣問題に悩んだ。

春日局の墓所がある麟祥院

寛永十六年（一六三九）に、六条有純《ろくじょうありずみ》の娘が伊勢内宮《ないくう》の慶光院《けいこういん》院主になった報告で家光に拝謁した。紫衣に包まれた少年のように清々しい尼僧を見て、家光の目が光ったことを春日局は見逃さなかった。春日局は慶光院を還俗《げんぞく》させ、家光の側室お万《まん》の方にした。さらに春日局は家光の側室探しに奔走し、町中で見つけた

神田の古着屋の娘お蘭《らん》がお楽の方となると、お楽は後の四代将軍家綱を産み、御台所孝子の下女お夏《なつ》は長松《ちょうまつ》を産む。長松は後に六代将軍になる家宣の父綱重《つなしげ》である。また、お万の方に仕えたお玉《たま》を見出して、家光の側室にすると亀松《かめまつ》を産んだ。亀松は早世したが、続いて四男徳松《とくまつ》を産む。五代将軍綱吉である。また牛込円徳寺《えんとくじ》の娘お里佐《りさ》の方は五男鶴松《つるまつ》を産んでいたが、早世していた。

将軍の後継問題に、見事な成果を出した春日局は、将軍の権威を背景にして、老中をも上回る権力を握った。彼女の縁者は幕府に重用された者が多く、息子の稲葉正勝《まさかつ》は老中に就任し、寛永九年（一六三二）には相模国小田原八万五〇〇〇石の藩主となり、夫であった稲葉正成も一万石の大名になっている。正成の先妻の娘の子堀田正盛《ほったまさもり》も老中になった。春日局が養子にした正盛の子正俊《まさとし》は、綱吉が五代将軍になる功を挙げた。

寛永七年（一六三〇）に、家光から江戸城北の小石川の地所を拝領した。春日局はこれを町屋にしたので、一帯を春日殿町《かすがどのちょう》と呼ばれた。現在の春日通りに沿った北西から南東に延びる細長い町域で、礫川《れきせん》公園には春日局像がある。墓所は文京区4―1―8の麟祥院《りんしょういん》にある。

松尾芭蕉

関口芭蕉庵：文京区関口2―11―3
江東区芭蕉記念館：江東区常盤1―6―3

江戸で俳諧の純粋性を求める

後世に俳聖とされる松尾芭蕉は伊賀国で生まれ、父与左衛門《よざえもん》は柘植《つげ》郷（現・伊賀市柘植）の土豪一族とも、忍者の百地《ももち》氏出身ともされるため、芭蕉の隠密説が語られる基になっている。松尾家は苗字帯刀を許され、芭蕉も名を忠右衛門宗房《ちゅうえもんむねふさ》としたが身分は農民だった。

関口芭蕉庵

通称を甚七郎《じんしちろう》とされた一三歳の芭蕉は、明暦二年（一六五六）の父の死去で、藤堂家侍大将藤堂新七郎《しんしちろう》の嗣子良忠《よしただ》に仕えた。良忠とともに京の北村季吟《きたむらきぎん》に師事して俳諧の道に入ったが、寛文六年（一六六六）に良忠が没したので主家を退いた。

「江東区芭蕉記念館」の芭蕉像

「採茶庵跡」にある芭蕉像

寛文十二年（一六七二）に処女句集『貝おほひ』を宗房の名で上野天神宮に奉納し、延宝二年（一六七四）に江戸へ向かう。江戸では終生芭蕉の援助者となる日本橋小田原町の魚問屋杉山杉風《すぎやまさんぷう》宅に住み、俳人たちと交流するようになった。

やがて、現在は関口《せきぐち》芭蕉庵とする文京区関口2―11―3に住み、号を桃青《とうせい》とし、宗匠となって俳諧師を職業とした。延宝八年（一六八〇）に俳諧の純粋性を求め、自然の中で安らぎを得ようと深川に居を移し、号を芭蕉とした。

深川には芭蕉の遺跡が多く、江東区が芭蕉ゆかりの地とする常盤《ときわ》1―6―3に「江東区芭蕉記念館」がある。また、大正六年（一九一七）の津波で、常盤1―3―12にある稲荷《いなり》神社付近から石の蛙《かえる》が出土した。このことから有名な「古池の句」がこの地で詠まれたとし、当時の東京府が「芭蕉庵」跡と認定している。

旅と俳諧の人生を送る

元禄二年（一六八九）は、西行《さいぎょう》の五百回忌に当たる。芭蕉は歌人の西行や能因《のういん》らの歌枕《うたまくら》や名所旧跡を辿るため、弟子の河合曾良《かわいそら》をともなって『おくのほそ道』の旅を思い立った。旅立つに当たって芭蕉庵を処分し、江東区深川1―9にあった杉山杉風の庵「採茶庵《さいとあん》」に居住し、三月に仙台堀の土手から船に乗り奥州に向かった。

この旅で、芭蕉は多くの名句を詠み、各地に多くの門人を得た。八月下旬に大垣《おおがき》に着き、約五カ月六〇〇里（約二四〇〇キロメートル）の旅を終えた。元禄四年（一六九一）十月に江戸に戻り、何度も推敲《すいこう》を重ねて、元禄七年（一六九四）に『おくのほそ道』を仕上げて清書した。

同年十月、大坂の門人之道《しどう》の家で発熱した。御堂筋《みどうすじ》の貸座敷に移って看病を受け、辞世《じせい》の句「旅に病んで夢は枯野をかけ廻る」を詠む。

同月十二日に息を引き取り、遺言により遺骸は近江国（滋賀県）の義仲寺《ぎちゅうじ》の木曾義仲《きそよしなか》の墓の隣に葬られた。

笠森お仙　台東区谷中7—6—9（笠森稲荷）

鈴木春信も描いた評判の美人

江戸の路傍《ろぼう》や寺社には葦簀《よしず》張りの店に縁台を置き、粗茶を煮出して出す水茶屋があった。延享《えんきょう》四年（一七四七）頃に、大坂から江戸に出てきた源七《げんしち》という者が、唐銅の茶釜で淹れた茶を一服一文で出すと、その風流さで繁盛した。

明和年間（一七六四～一七七二）には、茶も良いものになって一服六文となり、やがて化粧をした美服の若い娘に給仕させると、売り物は看板娘になった。

谷中笠森稲荷《かさもりいなり》境内の水茶屋鍵屋《かぎや》のお仙《せん》を、絵師の鈴木《すずき》春信《はるのぶ》が浮世絵に描くと、これを見ようと大勢が押し掛けた。谷中笠森稲荷は大坂高槻《たかつき》の稲荷を勧請したもので、感應寺《かんのうじ》の塔頭《たっちゅう》福泉院《ふくせんいん》境内にあった稲荷社である。「笠森」は瘡《かさ》（梅毒）から守る神という意味があり、現在の台東区谷中7—6—9にある（浄土宗功徳林寺）。

お仙は宝暦元年（一七五一）生まれの百姓の娘とされ、一三歳の頃から鍵屋で働き、浅草寺内の楊枝《ようじ》屋お藤《ふじ》、浅草寺境内二十軒茶屋蔦屋《つたや》のおよしとともに、明和の江戸三美人とされた。人気絶頂のお仙だったが、明和七年（一七七〇）二月頃に突然鍵屋から姿を消した。茶店は父親がいるだけで、お仙目当ての客はアテが外れ「とんだ茶釜が薬缶《やかん》（禿頭《はげあたま》）に化けた」と苦笑した。

お仙は、一〇〇俵七人扶持の御庭番倉地政之助《くらちまさのすけ》に嫁いでいたのである。倉地家は笠森稲荷を感應寺に寄進した家で、お仙とは身分が違うため、お仙を西ノ丸御門番馬場《ばば》善五兵衛《ぜんごべえ》の養女として娶《めと》っていた。美人で評判のお仙は、大店《おおだな》から嫁に請われた話もあり玉の輿も夢ではなかったのだが、浮かれた女性ではなかったようだ。

後に政之助は御金奉行に昇進し、お仙も数人の子宝に恵まれて、平穏な一生を送ったという。

春信が描いた笠森お仙
（国立国会図書館蔵）

山田浅右衛門　千代田区平河町1―2―10

様斬《ためしぎ》りを職とする山田家

江戸時代には、卑族殺人や尊属傷害、官名詐称、徒党を組んだ強訴《ごうそ》、一〇両以上の盗み、他人の妻との密通は「死罪」とされた。死罪の判決を下された罪人は牢屋敷内で打役《うちやく》同心が首を斬り、刀の研ぎ代として金二分を受け取るのが通例である。

相手が極悪な罪人であっても、人の首を斬るのは嫌なもので、打役同心は山田浅《やまだあさ》右衛《えもん》門に依頼した。山田家当主は、代々浅右衛門（朝右衛門とも）を名乗る浪人という立場で、首切り浅右衛門とも呼ばれた。

将軍の佩刀《はいとう》の切れ味を見るため、死体の様斬《ためしぎ》りを務める御様御用は、本来は腰物《こしもの》奉行支配下の幕臣の役目だが、罪人の死体は山田家が拝領することを許されていたので、これも山田家が請け負った。山田浅右衛門の屋敷は、千代田区平河町1―2―10あたりとされ、現在は平河町第一生命ビルが建つ。

浅右衛門は、諸大名たちや愛刀家からも、切れ味を見るように刀を預かっており、これらの様斬りでは死体三人分を積み重ねて斬るなど、特殊な技能を用いて報酬を得ていた。さらに、罪人の死体の肝臓などを取り、これらを乾燥させて、労咳《ろうがい》などに効くとする丸薬を製造していた。また死体の小指は、遊女が客との約束を真実に見せるために、浅右衛門から買い求めることもあったという。

山田浅右衛門の屋敷跡は平河町第一生命ビルになっている

山田家は、幕臣であってはこれらの収入は得ることができないため、浪人身分を望んだとされ、天保十四年（一八四三）の将軍家慶の日光参詣に、幕府へ三〇〇〇両を献金したともされる。

明治十二年（一八七九）一月、古物商後藤吉蔵を殺害した高橋お伝《でん》を、九代浅右衛門が斬首したのを最後に、死刑は絞首刑となり、山田家は役目を終えた。

葛飾北斎　墨田区亀沢2―7―7（緑町公園）

描くことに費やした生涯

日本人画家として、世界でもっとも知られているのは葛飾北斎《かつしかほくさい》とされる。北斎は宝暦十年（一七六〇）に、百姓の子として本所割下水《わりげすい》に生まれ、幼名を時太郎《ときたろう》といった。墨田区亀沢2―7―7の緑町公園に葛飾北斎生誕地の説明板がある。

現在の本所松坂町公園の向かいにある、幕府御用の鏡師中島伊勢《なかじまいせ》の養子となったり、貸本屋の丁稚《でっち》や木版彫刻師の従弟となるが、安永《あんえい》七年（一七七八）に浮世絵師勝川《かつかわ》春章《しゅんしょう》の門下となる。常に向上心がある彼は、師に内緒で狩野《かのう》派の画法や司馬江漢《しばこうかん》の洋画も学んだことで破門された。

生活のために手当たり次第に挿絵《さしえ》や役者絵、武者絵などを描くが、自分の描きたい絵ではなく、名を「画狂人《がきょうじん》」とした時期もあった。生涯で三〇ほどの号を使うが、文化二年（一八〇五）からは葛飾北斎を用いた。

文化十一年（一八一四）から発行した『北斎漫画』は、民衆の豊かな表情や動植物のスケッチを収めて人気を得た。この中にアニメーションの原点と思われる滑稽《こっけい》絵もあり、北斎の描くことへの貪欲さと旺盛な創作意欲が理解できる。

陶器の輸出に『北斎漫画』が包装に使われたことで、フランスの版画家フェリックス・ブラックモンが北斎のデッサンの秀逸さを知り、画家仲間に教えた。これを発端にフランスを中心にジャポニスム（日本趣味）ブームが起こり、画家のクロード・モネやヴァン・ゴッホたちに影響を与えた。

葛飾北斎生誕地の説明板

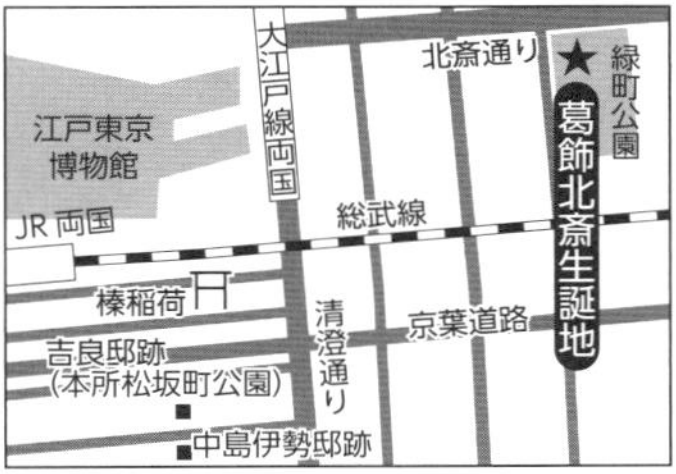

北斎は出戻りの娘お栄《えい》（葛飾応為《おうい》）と同居していた。二人は絵を描くことに没頭し、部屋が荒れるたびに引っ越し、生涯に九三度も転居したという。家財道具もない引っ越しで、前に住んでいた家に戻ると散ら

かったままだったので、以後は転居を止めたという。

旅で各地から眺めた富士山に感動し、七〇歳を過ぎて『富嶽三十六景《ふがくさんじゅうろっけい》』を刊行すると、富士を配する位置を練り尽くした北斎芸術の頂点とされた。その後も富士を描き七四歳で完成した『富嶽百景』のあとがきに、七三歳になって鳥やけだものや、虫や魚の本当の形、草木の生きている姿がわかってきた。八〇歳になるとずっと進歩し、九〇歳にはいっそう奥まで見極めることができ、一〇〇歳になれば思い通りに描け、一一〇歳になればどんなものも生きているように描けるようになるだろうと記している。

榛稲荷境内にも住んでいたようだ

八〇歳で火災に遭い、一〇代から描き溜めた写生帳を失うが、一本の絵筆を握りしめ「まだこの筆が残っている」と気丈に言ったという。火災の教訓から、自分が培った画法を後世の画家に伝えるため、絵の具の使い方や遠近法を『絵本彩色通』や『初心画鑑』にまとめた。嘉永二年（一八四九）に、浅草聖天町《しょうでんちょう》の遍照院《へんじょういん》（現・浅草六丁目）境内の長屋で死去した。享年九〇であった。

大田南畝

新宿区中町37・38番地（生誕地）
千代田区駿河台4丁目

江戸で狂歌を大流行させる

後に狂歌《きょうか》の大家として知られる大田南畝は、御徒士《おかち》の大田正智《まさとも》の嫡男として、現在の新宿区中町《なかちょう》37・38番地である、牛込中御徒町で生まれた。

貧しい御家人だったが、通称を直次郎《なおじろう》といった幼少期から学問や文筆に秀でたため、親は札差から借金をして国学や漢学、漢詩、狂詩などを学ばせた。

『近世名家肖像』の大田南畝

明和四年（一七六七）に、狂詩集『寝惚先生《ねぼけせんせい》文集』が評判になり、南畝は四方赤良《よものあから》、山手馬鹿人《やまてのばかひと》など多くの号を使っている。

その後も黄表紙《きびょうし》を発表するが当たり作はなかった。

明和六年（一七六九）頃から、上方が中心の狂歌を主とする狂歌会を開催して活動すると、狂歌が江戸で大流行となり名声を得た。

天明《てんめい》三年（一七八三）頃から、勘定《かんじょう》組頭土山宗次郎《つちやまそうじろう》に経済的援助を受け、吉原にも通って松葉屋の遊女三保崎《みほさき》を身請けしている。寛政の改革が始まると、厳しい風紀の取締りを風刺する「世の中に　蚊《か》ほどうるさきものはなし　ぶんぶといふて夜もねられず」の狂歌の作者とされ、改革を進める松平定信《さだのぶ》も大田直次郎の名を記憶したという。

下級幕臣として累進していく

松平定信の政敵の田沼意次《たぬまおきつぐ》一派で出世した土山宗次郎だが、天明七年（一七八七）に五〇〇両横領の罪に問われて斬首されると、南畝は幕臣本来の姿勢を取り戻した。

寛政六年（一七九四）に、幕府の人材登用試験の「学問吟味《ぎんみ》」に四六歳で受験した。旗本では遠山《とおやま》の金さんとされる景元《かげもと》の父である小姓組番士の遠山景晋《かげみち》が、御家人では南畝が首席合格であった。

二年後に支配勘定に任用された。寛政十二年（一八〇〇）には、勘定所の書類を整理する御勘定所諸帳面取調《しょちょうめんとりしらべ》御用を命ぜられ、目の前に積まれた書類の山に「五月雨《さみだれ》の　日もたけ橋の反故《ほご》しらべ　今日もふる帳あすもふる帳」と詠んでいる。

享和元年（一八〇一）に大坂銅座に赴任する折りに、旅行記を残している。中国で銅山を「蜀山」といったのに因《ちな》み「蜀山人《しょくさんじん》」の号で細々と狂歌作りを再開した。

息子の定吉が支配勘定見習となり、隠居を目論んだが、定吉が心気を患ったため隠居はできなかった。文政六年（一八二三）に、登城中に転倒したことが原因で死去する。享年七五。辞世の歌は「今までは　人のことだと思ふたに　俺が死ぬとは　こいつはたまらん」と伝わる。

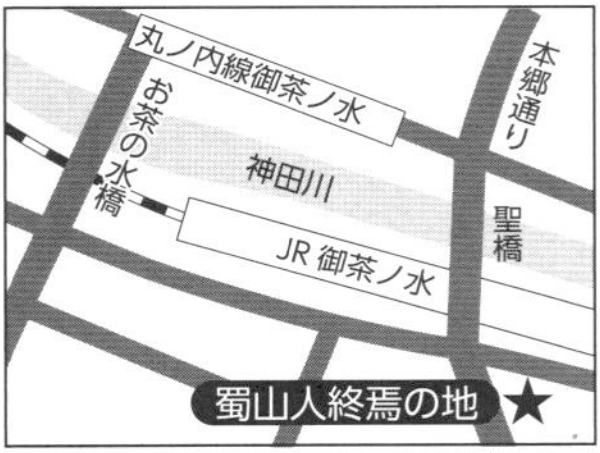

「蜀山人終焉の地」の碑

南畝終焉の地は駿河台4丁目の、JR御茶ノ水駅近くにあり、明治になって岩崎弥之助《いわさきやのすけ》もここに屋敷を営んでいた。

滝沢馬琴

千代田区九段北1—5—7
千代田区外神田3—5（芳林公園）

武家の渡り奉公をしていた

滝沢馬琴《たきざわばきん》（曲亭《きょくてい》馬琴）は、父の滝沢運兵衛《うんべえ》が用人を務める寄合旗本一〇〇〇石の松平信成《のぶなり》の屋敷内で生まれた。松平屋敷は、現在の江東区平野1丁目にあった、

父の死で長兄の興旨《おきむね》が家督を継ぐが、主家が俸禄を半分にしたため興旨は家督を一〇歳の馬琴に譲って松平家を出た。馬琴は主君の孫の小姓となるが、一四歳の時に松平家を去る。天明元年（一七八一）に元服して左七郎興邦《さしちろうおきくに》と名乗り、興旨が仕える戸田家の徒士になったものの長続きせず、武家の渡り奉公として転々とした。

戯作《げさく》者の山東京伝《さんとうきょうでん》と親しくなった馬琴は、寛政三年（一七九一）に江戸で流行した壬生狂言《みぶきょうげん》を題材にした、黄表紙『尽用而二分狂言《つかいはたしてにぶきょうげん》』を刊行し、戯作者として出発した。だが著作物には著作堂主人《ちょさくどうしゅじん》や曲亭馬琴の号を用いて、滝沢馬琴とはしていない。

「曲亭」は『漢書《かんじょ》』の陳湯《ちんとう》伝にある山の名から、「馬琴」は『十訓抄《じっきんしょう》』に収録された小《お》野篁《ののたかむら》の索婦詞《さくふし》の一節「才馬卿に非《あら》ずして、琴を弾くとも能《かな》はじ」からである。

寛政五年（一七九三）、版元の蔦屋重三郎《つたやじゅうざぶろう》や京伝の勧めで、生活の安定のために飯《いい》田《だ》町中坂の履物商「伊勢屋」の未亡人の婿となる。馬琴は商売に興味を示さず、滝沢清右衛門《せいえもん》を名乗って手習いを教え、豪商が所有する長屋の家守で生計を立てていた。この頃に居住したのは、現在の千代田区九段北1―5―7である。

九段の馬琴の井戸跡

ベストセラー作家になる

馬琴は『月氷奇縁《げっぴょうきえん》』で読本の第一人者になり、代表作『南総里見八犬伝《なんそうさとみはっけんでん》』は、文化十一年（一八一四）からライフワークとなっており、次々とヒット作を生み出していた。

息子の興継《おきつぐ》は山本永春院《やまもとえいしゅんいん》から医術を修めて宗伯《そうはく》と名乗るようになり、

馬琴の愛読者である松前《まつまえ》藩藩主松前道広《ひろみち》の好意で、陸奥国梁川《やながわ》藩の松前家出入りの医者となった。馬琴は、現在の千代田区外神田3—5にある秋葉原の芳林《ほうりん》公園近くの、神田明神下石坂下同朋《どうぼう》町に家を買って宗伯を住まわせ、後に同居するようになる。

天保六年（一八三五）、宗伯に先立たれた馬琴は、孫の太郎《たろう》に滝沢家再興の希望を託し、翌年には三〇石三人扶持鉄砲百人組同心の株を一三五両で買った。このため蔵書を売り、書画会を開き、神田明神下の家も売却した。孫はまだ九歳のため成人するまで代理の者を立て、手当てを支払わねばならなかった。

明神下の居住跡

天保十年（一八三九）、七三歳の馬琴は失明して執筆ができなくなり、宗伯の妻お路《みち》が口述筆記した。天保十二年（一八四一）八月に『南総里見八犬伝』がついに完結し、好評を得た。

嘉永元年（一八四八）に八二歳で死去し、墓所は文京区の深光寺《じんこうじ》にある。

長谷川平蔵

墨田区菊川3—16—13

若い頃は無頼漢だった

長谷川宣以《はせがわのぶため》は、池波正太郎《いけなみしょうたろう》の小説『鬼平犯科帳《おにへいはんかちょう》』で、鬼の平蔵こと「鬼平」として知られる実在の人物である。

旗本長谷川宣雄《のぶお》の長男として築地湊町《みなとちょう》に生まれ、幼名は銕三郎《てつさぶろう》である。母は長谷川家所領の農民戸村品左衛門《とむらしなざえもん》の娘ではなかったかとされる。その頃は長谷川家の家督は宣雄の従兄弟の宣尹《のぶただ》が継いだので、宣雄は厄介《やっかい》者とされていた。

延享五年（一七四八）に宣尹が死去したので、宣雄が四〇〇〇石の家督を継ぐと、南本所三之橋《さんのはし》通りの屋敷に引っ越した。現在の墨田区菊川《きくかわ》3—16—13あたりである。後に遠山

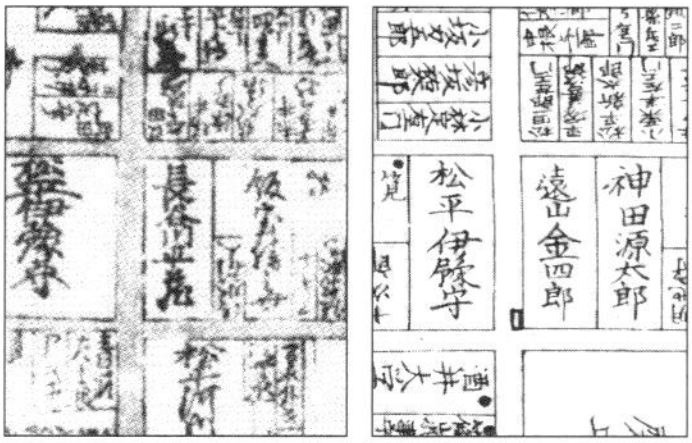

平蔵と遠山金四郎は同じ屋敷に居住していた

景元もこの屋敷に住んでいる。

宣雄は屋敷地のほとんどを町人に貸し、生活も質素であったので、長谷川家の内実は豊かであったとされる。青年時代の銕三郎は、「本所の銕」と呼ばれ、無頼の生活をしていた時期もあった。そのためか、銕三郎が将軍家治に御目見えしたのは二三歳と遅かった。

明和八年（一七七一）に、父宣雄が火付盗賊改役の本役に任じられると、銕三郎は父の用人になって実務を経験した。翌安永元年（一七七二）に、父が京都西町奉行に栄進すると平蔵も妻子をともなって同行した。

ところが、翌年六月に父が京都で急死した。江戸に帰ることになった銕三郎は、父の部下であった与力や同心たちに「私は江戸で英傑といわれるようになる。江戸に出た時には、ぜひ訪ねて欲しい」と豪語している。

江戸に帰った銕三郎は、家督と父の通称である平蔵を継ぎ、小普請となった。だが七カ月後には西ノ丸御書院番士に任ぜられた。長谷川家の先祖正長《まさなが》は三方ヶ原《みかたがはら》の合戦で討ち死にしており、放蕩の噂がある平蔵に役が付いたのは、先祖の余慶とされる。

火付盗賊改役で実績を上げる

その後、西ノ丸御進物番、西ノ丸御書院番、御徒頭と順調に出世し、御先手弓頭に進んだ。平蔵は田沼意次に好印象を持たれていた。

その後、松平定信が台頭すると、田沼派を幕閣や諸奉行から一掃した。だが、田沼派と思われた平蔵が、天明七年（一七八七）九月に火付盗賊改役に任ぜられると、旗本たちは驚いたという。ところが松平定信は、平蔵を「山師などと言われ兎《と》角《かく》の評判のある人物」と評している。平蔵の職務能力は認めていたようだ。

菊川駅近くの「長谷川平蔵　遠山金四郎居住跡」の案内板

火付盗賊改役のあつかう事件は刑事事件である。盗賊たちは大火があれば市中の警備が手薄になり、盗みを働くのに都合がいいことを知り、強盗と放火が一体になっていた。これらの盗賊は町奉行配下の者では手に負えないため、武官の先手弓頭、先手鉄砲頭から火付盗賊改役に就かせたのである。

火付盗賊改役に取り締まり範囲はなく、取り調べは荒っぽくて厳しく、過酷な拷問も行なったため、火付盗賊改役に引っ立てられると、生きては帰れないとされた。

平蔵は無頼の経験から悪の手口を熟知し、盗賊特有の臭いを嗅《か》ぎ取る直感があった。ある日、放火の焼け跡調査に出かけた平蔵は、立派な法衣の僧と武士が立ち話をしているのを見た。平蔵は二人を捕らえさせ、調べてみると、二人は名の通った大泥棒だったということもあった。

寛政三年（一七九一）に、大松五郎《だいまつごろう》という凶暴な盗賊が横行した。大松は将軍の一族に許される葵《あおい》の紋を付けた提灯を掲げ、供を連れて堂々と犯行におよんだので「葵小僧」と呼ばれ、二カ月ほどで五〇カ所以上の商家に押し入り、必ず婦女を陵辱した。

葵小僧を板橋で捕縛し、取り調べると、犯した商家の妻女たちのことを自慢気に話した。本来の吟味では、被害者の口書《くちがき》を取り、犯人の供述と突き合わせるのだが、平蔵は女性が苦痛になる口書を取らず、老中に伺いを出して早々に大松を斬首した。この事件は評定所で評議されることもなく、関係調書も処分させている。

無宿人の授産所「人足寄場」を作る

江戸に流入した無宿人は犯罪の予備軍で、松平定信は農民出身の者に金銭を与えて帰農させ、百姓に向かない者は溜《ため》に入れた。溜の無宿人の処置に困った定信は、旗本たちに案を求めると平蔵が手を挙げた。平蔵は石川島《いしかわじま》に「人足寄場《にんそくよせば》」を作り、無宿者を収容して、手に職を付けさせる授産所を提案した。

これが採用されて平蔵が管理することとなる。初年度は米五〇〇俵と五〇〇両の予算が付けられたが、次年度から米三〇〇俵と三〇〇両に減額された。平蔵は増額を訴えたが認められず、やむなく幕府から預かった資金を銭相場（金銀貨と銭の交換相場）に投じて資金を得る禁じ手も使った。

火付盗賊改役で実績がある平蔵は、町奉行に欠員が出ると希望を持ったが、定信は平蔵を町奉行に抜擢しなかった。平蔵は「越中殿（定信）の信頼だけが心の支え」と勤務に励んだが、使い捨てにされ、寛政七年（一七九五）に死去した。

伊能忠敬　江東区門前仲町1―18

伊能家を立て直し、学問に向かう

伊能忠敬《いのうただたか》は、上総国山辺《やまべ》郡小関《こぜき》村（現・千葉県九十九里町《くじゅうくりまち》）の網元小関家の次男に生まれ、一八歳の時に佐原《さわら》の酒造家伊能家の婿養子となる。

伊能家の家業は危機的な状況だったが、忠敬は倹約を徹底して、酒造業以外に薪問《まき》屋を江戸に設け、米穀取り引きの仲買をして、約一〇年間で家を立て直した。また、忠敬は私財を投じて窮民を救い、堤防修築などに尽くしたため、名主を命ぜられて苗字帯刀を許された。

寛政六年（一七九四）には家業を長男に譲り、翌年には、幼い頃から興味を持っていた天文学を、本格的に勉強するために江戸へ出た。江戸での住まいは、伊能の江戸店があったと思われる場所で、富岡八幡宮近くの江東区門前仲町1―18あたりである。

忠敬は、当時の天文学の第一人者である高橋至時に弟子入りした。至時は忠敬の入門を年寄りの道楽と思っていたが、昼夜を問わず勉強する姿に感動し、「推歩《すいほ》（星の動きを測る）先生」と呼ぶようになる。

高橋至時らは地球が丸いということを知ってはいたが、地球の直径や子午線一度の長さが分からなかった。忠敬は「北極星の高さを二つの地点で観測し、見上げる角度を比較することで緯度の差が分かり、二地点の距離が分かれば、球体である地球の外周が割り出せる」と提案すると、至時は賛同した。二つの地点は、遠ければ遠いほどよく、江戸と蝦夷地としたが、蝦夷地には幕府の許可がなければ行けない。

この頃、ロシア特使が蝦夷地の根室《ねむろ》に上陸して通商を要求しており、国防のために正確な地図が必要だった。至時は地図制作での蝦夷地行きを幕府に申請すると、幕府は自費での測量を許可した。

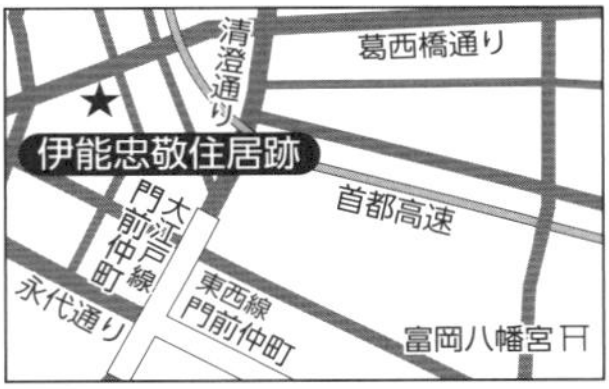

「伊能忠敬住居跡」の碑

忠敬の日本地図に驚嘆したイギリス

忠敬は、寛政十二年（一八〇〇）の蝦夷地測量から、一七年がかりで全国の測量データを集めた。忠敬には蝦夷地北西部が測量できていなかったが、間宮林蔵《まみやりんぞう》がその測量データを作っていたため、全データが揃った。忠敬が弾き出した緯度一度の距離は、現在の値と約一〇〇〇分の一の誤差しかなかった。

地球は球のため、平面に移す場合に数値の誤差が生じる。それを修正し、各地の地図を一枚に繋ぎ合わせる作業に移った。だが、忠敬は持病の慢性気管支炎が悪化し、老人性肺炎に冒された。文政元年（一八一八）四月に、弟子に見守られながら七三歳の人生を閉じてしまったのである。忠敬は「私が大事を成し遂げられたのは、高橋至時先生のお陰である。どうか先生の傍に葬ってもらいたい」と遺言した。忠敬は上野の源空寺の高橋至時・景保《かげやす》父子の墓に並んで眠っている。

至時の子景保らは、この地図を伊能忠敬が作ったものとするために、忠敬の死を伏せた。三年後の文政四年（一八二一）七月、幕閣が見守る江戸城大広間で、景保や忠敬の孫忠誨《ただのり》と弟子たちの手で、日本最初の実測地図「大日本沿海輿地全図」が広げられた。三万六〇〇〇分の一の大図二一四枚、二一万六〇〇〇分の一の中図八枚、四三万二〇〇〇分の一の小図三枚というものだった。

地図は軍事機密に属するものだ。文政十一年（一八二八）に、高橋景保がシーボルトに「大日本沿海輿地全図」の縮図を贈る事件が発覚し、翌年に景保は獄死した。

文久元年（一八六一）、イギリスは測量船アクテオン号を派遣して、日本沿岸の測量を強行したが、アクテオン号船長は幕府役人が持つ伊能図の一部を見て仰天した。後進国と見なしていた日本が、世界水準の正確な地図を持っていたのである。

彼らは態度を改め、測量を中止した。イギリス海軍は忠敬の地図を基に海図を完成させ、巻頭に「日本政府から提供された地図による」と記した。

富岡八幡宮の伊能忠敬像

源空寺にある伊能忠敬の墓

遠山景元

港区新橋4—24—8
墨田区菊川3—16—13

複雑な家庭環境に放蕩生活を送る

遠山金四郎《きんしろう》景元は、映画や時代劇では遠山の金さんとされ、「桜吹雪」の彫り物(刺青《いれずみ》)を見せて事件を解決する北町奉行である。

景元は、寛政五年(一七九三)に生まれた。父の景晋は学問吟味を旗本の首席で合格した秀才で、目付や小普請奉行、作事奉行、長崎奉行、勘定奉行を歴任した。

だが、景晋は遠山家に養子入りした身で、養父に実子景善《かげよし》が生まれたため、景善を自身の養子にし、景晋にも実子の景元が生まれたが、出生手続が遅れていた。

景元は、享和三年(一八〇三)に景善の養子とされたが、遠山家の複雑な家庭環境から、家を出て放蕩生活を送ったようだ。芳村《よしむら》金四郎の名で、芝居小屋の森田座で囃《はや》子方《しかた》の笛を吹いていた時に、脚本家の並木《なみき》五瓶《ごへい》と喧嘩になった。景元が腕をまくると、手紙を銜《くわ》えて髪を振り乱した女の生首《なまくび》の図柄の彫り物があったという。

文化十一年（一八一四）には家に帰り、文政七年（一八二四）に景善が亡くなった。翌年に西ノ丸小納戸《こなんど》役で出仕し、将軍世子家慶に仕えて三〇〇俵を給された。景晋が文政十二年（一八二九）に隠居すると、家督と家禄五〇〇石を相続した。その後、西ノ丸小納戸頭取格から勘定奉行を歴任、天保十一年（一八四〇）には北町奉行に就く。

遠山金四郎景元肖像（遠山講蔵　千葉県立中央博物館大多喜城分館提供）

市民生活を守った金さん

家禄五〇〇石の遠山家では、役に就かなければ生活も楽ではない。また、町奉行は市民感覚と乖離《かいり》しないよう、高禄の旗本が務める役ではない。市民感覚を知るという面からは、景元は町奉行に最適の人材であった。

景元は吉原で下働きも経験していたとされ、町奉行として遊廓の者を取り調べようとしたとき「おや、金さんじゃないか」と声をかけられたこともあるようだ。

翌年からはじまった天保改革では、分不相応の奢侈《しゃし》の禁止や、風俗取締りなどには賛同したが、極端に庶民の生活を脅かす施政には、南町奉行矢部定謙とともに緩和を求め、老中の水野忠邦や目付の鳥居耀蔵と対立した。

鳥居は矢部の過去の事件を蒸し返して改易に追い込み、後任の南町奉行に鳥居がなると、景元は一人で水野と鳥居に対した。

鳥居の進言で、水野が芝居小屋を廃止しようとしたが、景元は反対して浅草猿若《さるわか》町《ちょう》への小屋移転に留めるなど、ことごとく改革に抵抗する姿勢をとった。

しかし、天保十四年(一八四三)には、鳥居の策略により、町奉行を外されて大目付になる。鳥居は景元も幕閣から追放したかったが、将軍が裁判を見物する公事上《くじじょう》聴《ちょう》の際、将軍家慶は景元の裁判ぶりを激賞していた。いかに鳥居でも、将軍が名奉行とした景元を辞めさせることはできなかったのである。

同年、水野が改革の失敗により罷免されると、景元は弘化二年(一八四五)に南町奉行として返り咲いた。南町奉行在任中は、天保改革で暗くなった市中の改正に努め、株仲間の再興に尽力し、床見世の存続を実現させ、寄席も復活した。

南町奉行所与力見習を務めた佐久間長敬《さくまおさひろ》は景元を見ており、「当時の評判には、大岡越前守以来の裁判の上手」としている。幕臣の大谷木醇堂《おおやぎじゅんどう》は「大岡忠相、根岸鎮衛《ねぎしもりやす》、池田長恵《いけだながしげ》に続く奉行と称され、市民は服従し、遠山の金さんと尊んだ」と記している。景元は映画や時代劇のように、実際に「金さん」と親しまれていたのだ。

水野の後に老中首座になった阿部正弘からも、景元は重用されたが、嘉永五年（一八五二）に隠居した。

遠山金四郎の墓は豊島区巣鴨の本妙寺にある

遠山家の屋敷は、港区新橋4—24—8にあったとされるが、いつの頃か墨田区菊川3—16—13に移転している。この屋敷は、火付盗賊改方で辣《らつ》腕《わん》を振るった長谷川平蔵も居住していたのである。

小栗忠順　千代田区神田駿河台1—8

アメリカで海軍造船所に感銘を受ける

小栗忠順《ただまさ》は、禄高二五〇〇石の旗本小栗忠高《ただたか》の子として、駿河台の屋敷に生まれた。小栗家は二代忠政が合戦のたびに功名を立て、家康から「又も一番鎗」と賞されて「又一」の名を拝命し、嫡男は又一の名を継承した。

小栗忠順（国立国会図書館蔵）

学問は小栗家の屋敷内にあった安積艮斎《あさかごんさい》の塾に学び、剣は島田虎之助を師として直心影流免許皆伝を許された。文武の才を注目された忠順は、天保十四年（一八四三）から御番入りした。早熟な忠順は早くから喫煙し、鼻から煙を出しながら先輩たちの話に「なるほど、なるほど」と頷いていたようで、直言癖によって免職や辞職を繰り返した。だが、そのたびに才腕を惜しまれて官職を戻されている。
後に小栗は上野介に任官するが、上野介は赤穂浪士に討ち取られた吉良以来、縁起が悪いとして名乗る者がいなかった。あえて上野介を名乗ったことで、小栗の臍曲《へそま》がり精神が垣間見える。

嘉永六年（一八五三）にペリーが来航し、安政五年（一八五八）には日米修好通商条約が締結された。この批准書の交換はワシントンで行なうとされたため、幕府はアメリカに使節団を派遣することになった。

安政七年（一八六〇）正月、遣米使節団は米艦ポーハタン号で出発し、幕府軍艦咸《かん》臨丸《りんまる》が随伴した。小栗は目付として同行したが、日米修好通商条約で定めた不公平な金銀の交換比率で経済の混乱が生じたため、それを交渉して是正する役目があった。小栗は小判とアメリカ金貨の分析実験で幕府の主張の正しさを証明したが、結果的には交換比率の改定にいたらなかった。

ワシントンで海軍造船所を見学した小栗は、蒸気機関を動力にして、巨大な鉄製品が次々と加工される様子に感銘を受けて帰国した。この間に大老井伊直弼が桜田門外で暗殺されており、幕府の権威は失われていた。

小栗は、現在はＹＷＣＡになっている、千代田区神田駿河台1—8にあった屋敷内に大理石造りの白亜の洋館を造り、アメリカから持ち帰った大型の洋馬に乗って、江戸の町を闊歩《かっぽ》したという。

日本のために造船所を建造

文久元年（一八六一）、ロシア軍艦ポサドニック号が、対馬《つしま》を占領する事件が発生し、小栗は外国奉行として処理に当たるが、困難な交渉に外国奉行を辞任した。

「小栗上野介ここに生まれる」の案内板

勘定奉行に就任した小栗は、旧知の栗本鋤雲《くりもとじょううん》を通じて、駐日フランス公使ロッシュとの繋がりを作り、製鉄所の具体的な案を練り上げた。製鉄所建設は幕閣などから反発を受けたが、将軍家茂が承認し、建設予定

尾張屋板切絵図「小川町繪図」

地を横須賀《よこすか》とした。

幕府内は、造船所施設を船の修理だけでいいとし、造船所が完成した頃に、幕府がどうなっているかわからないともした。だが小栗は「幕府の運命に限りがあれど、日本の運命には限りがない」と造船もできる施設建造を進めた。総額二四〇万ドルにのぼる費用は、万延二分金などの貨幣増鋳によって賄った。

後に明治の元勲となる大隈重信《おおくましげのぶ》は、妻の綾子《あやこ》が小栗と従兄弟の関係で、大隈は小栗家に同居したこともあるという。大隈は小栗が時流を先読みして行動する姿勢に影響を受けたようで、大隈自身が「明治政府の近代化政策は、小栗の模倣にすぎない」と語っている。

小栗は強力な陸軍にするため、銃砲や弾薬の国産化を進め、ベルギーから弾薬用火薬製造機械を輸入して滝野川反射炉に設置し、日本初の西洋式火薬工場を建設した。

新政府は徹底抗戦派の小栗を斬る

慶応三年十月（一八六七）には、将軍慶喜が朝廷に大政奉還し、翌年一月の鳥羽・伏見の戦いに旧幕府軍は敗れた。江戸に逃げ帰った慶喜に徹底抗戦を勧めたが、慶喜は恭順し、小栗は御役御免を申し渡された。小栗は知行地の上野国権田《ごんだ》村、現在の群馬県高崎市倉渕《くらぶち》町権田への土着願を提出した。

三井《みつい》財閥中興の祖とされる三野村利左衛門《みのむらりざえもん》は、小栗家の中間をした時期もあり、小栗にアメリカへの亡命を勧めて千両箱を贈った。だが小栗はこれを断わり、妻子が困窮した時は頼むと三野村に伝え、一家揃って権田村に移り住んだ。

だが、新政府東山道《とうさんどう》軍の命を受けた高崎藩や安中《あんなか》藩、吉井《よしい》藩兵が権田村の小栗を捕縛した。取調べもせぬまま烏川《からすがわ》の河原に引き出し、斬首してしまったのである。

明治新政府が落ち着くと、小栗の事績が再評価されるようになった。

明治四十五年（一九一二）に、日露戦争の日本海海戦に勝利し、連合艦隊の司令長官であった東郷平八郎《とうごうへいはちろう》は、小栗の息子又一たちを自邸に招き「日本海海戦に勝利できたのは、製鉄所や造船所を建設した小栗氏のお陰であることが大きい」と礼を述べた。

勝海舟

墨田区両国4―25―3（両国公園）
墨田区緑4―21―2（旗本岡野邸）

幕府海軍の中で認められていく

勝海舟は通称を麟太郎《りんたろう》とし、本所亀沢町の父小吉の実家である男谷《おだに》家で生まれた。現在の墨田区両国4―25―3で、両国公園になっている。

越後の貧農の出の曾祖父の銀一《ぎんいち》は、盲人だった。江戸で高利貸しで身を立てて成功し、巨万の富を得た。盲官最高位の検校《けんぎょう》の座に就き「米山《よねやま》検校」を名乗った。

勝麟太郎（国立国会図書館蔵）

そんな銀一は、三男の平蔵《へいぞう》に家禄三〇〇俵の御家人男谷家の株を買い与えた。平蔵の末子が海舟の父勝小吉で、小吉は家禄四一石の旗本勝家に持参金付で婿養子になったが、学問もせずに放蕩して、住まいも本所入江《いりえ》町の旗本岡野家の敷地内に移転していた。現在の墨田区緑4—21—2で、「勝海舟揺籃《ようらん》之地」の碑がある。

文政十二年（一八二九）に、麟太郎は親類阿茶《あちゃ》の局《つぼね》の紹介で、十一代将軍家斉の孫初之丞《はつのじょう》（慶昌《よしまさ》）の遊び相手として江戸城へ召されたが、慶昌が早世したため出世の望みは消えた。天保九年（一八三八）に父が隠居したため家督を相続したが、旗本岡野家の一画で、貧窮の生活を送っていた。

剣術は親族の男谷精一郎を経て、後に男谷の高弟島田虎之助に習い、ついには直心影流の免許皆伝となる。虎之助の勧めで禅で心胆を練り、さらには赤坂溜池《あかさかためいけ》の永《なが》井青崖《いせいがい》に蘭学を学び、住居も本所から赤坂田町に移し、後に氷川《ひかわ》神社近くに移る。

その地で蘭学者佐久間象山《さくましょうざん》の知遇を得、象山の勧めで西洋兵学を修め、蘭学と兵法学の塾を開いた。塾頭の杉亨二《すぎこうじ》は後に日本統計学の祖となる。

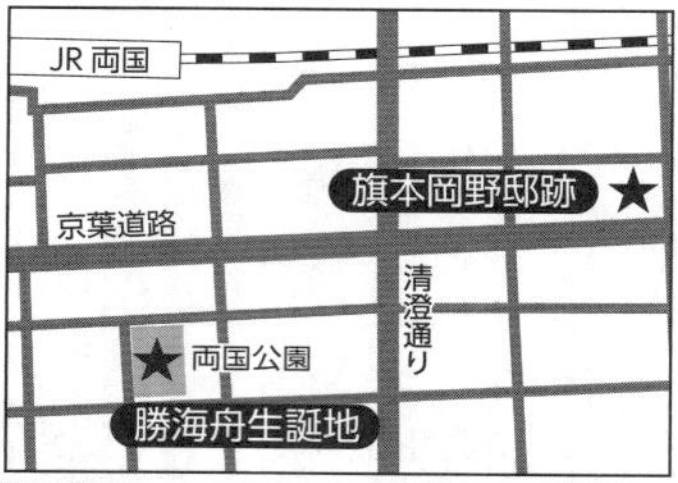

勝海舟生誕の地である両国公園

「勝海丹揺監之地」の碑

ペリー艦隊が来航し、開国を要求されると老中首座阿部正弘は海防に関する意見を広く朝野に募った。勝が提出した意見書は阿部の目に留まり、海防掛大久保忠寛《ただひろ》（一翁《いちおう》）の知遇を得て、安政二年（一八五五）には、異国応接掛附蘭書翻訳御用に任じられ、晴れて役入りとなった。七月に長崎海軍伝習所に入所すると、オランダ語の能力を買われ、伝習生とオランダ人教官の連絡役と教監も兼ねた。この時期に薩摩藩主島津斉彬《なりあきら》の知遇も得て、大きな影響を受ける。安政六年（一八五九）には江戸築地に作った軍艦操練所教授方頭取になり、海軍技術を教えた。

安政七年（一八六〇）、幕府は日米修好通商条約の批准書交換のため、遣米使節をアメリカへ派遣する。正使たちはアメリカ艦ポーハタン号で太平洋を横断するが、護衛として咸臨丸《かんりんまる》がサンフランシスコに派遣された。

咸臨丸には米海軍からジョン・ブルック大尉も同乗した。勝ら咸臨丸の日本人乗組員は船酔いに苦しみ、ブルックらの操船で渡米できた。

旧幕臣のために奔走した

文久三年（一八六三）、将軍家茂から神戸海軍操練所の設立を許され、併せて勝の私塾開設も許された。勝は薩摩や土佐の脱藩者を受け容れ「日本の海軍」建設を目指した。だが、勝の神戸塾の塾生に反幕府の行動をする者がいて、勝は軍艦奉行を罷免され蟄居生活を送る。

慶応二年（一八六六）五月には、軍艦奉行に復帰した。将軍家茂が死去し、十五代将軍になった慶喜から第二次長州征討の停戦交渉を命じられた。勝は交渉に単身で臨み、長州藩の広沢真臣《ひろさわさねおみ》や井上馨らと交渉した。だが慶喜が停戦の勅命引き出しに成功すると勝の努力は無駄になり、憤慨した勝は御役御免を叩きつけて江戸に帰った。

慶応四年（一八六八）一月に鳥羽・伏見の戦いが勃発した。旧幕府軍が敗北し、官軍の東征がはじまると、慶喜は勝を呼んで事に当たらせた。勝は陸軍総裁になり、恭順する慶喜の意向に沿って、大久保一翁らと朝廷への交渉に向かった。

新政府軍が駿府に迫ると、停戦と江戸城無血開城を主張し、山岡鉄舟を駿府に到着した西郷隆盛との交渉に臨ませて基本条件を整えた。勝は新政府軍が江戸城総攻撃を予定した、三月十五日の直前に薩摩藩藩邸で西郷と会談し、江戸城開城と徳川家の今後についての交渉をした。勝は新政府側を援助するイギリス公使パークスから西郷に、恭順する者を罰するのは国際法に反するという、圧力をかけさせた。

勝は、交渉が決裂した場合は、ナポレオンのモスクワ侵攻を阻んだ戦術に学び、江戸の民衆を千葉に避難させて新政府軍を江戸市中に誘い込んで火を放ち、ゲリラ的掃討戦で殲滅させる焦土作戦の準備をし、西郷に決断を迫った。

西郷から条件を聞いた新政府は、西郷が旧幕府に甘すぎるとして、三条実美が徳川家処分の決定案を持って江戸へ走った。大村益次郎が指揮する新政府軍が彰義隊を壊滅させた直後、新政府は徳川宗家を田安亀之助が駿府藩七〇万石をもって相続することを許した。

勝は榎本武揚ら旧幕府方が、新政府に抵抗するのを反対したが、箱館での戦いに敗れ、投獄された榎本の母や荒井郁之助《あらいいくのすけ》の家族、永井尚志《ながいなおゆき》ら旧幕臣を援助し、駿府藩から新政府に人材を送っている。

勝は、明治新政府で旧幕臣の代表格として外務大丞、兵部大丞、参議兼海軍卿などを歴任し、伯爵に叙された。しかし福沢諭吉《ふくざわゆきち》らは勝を非難している。

また、征韓論で下野した西郷隆盛が、明治十年（一八七七）に西南戦争を起こすと西郷軍への同情論を語り、戦後逆賊となった西郷の名誉回復にも奔走。天皇の裁可を経て上野への銅像建立を支援している。

勝は日清戦争に反対した。中国と共闘して欧米列強に対抗すべきと主張し、三国干渉なども事前に予見していた。徳川慶喜とは、幕末の混乱期に意見が対立し疎まれたが、勝は明治政府に慶喜の赦免を働きかけた。明治二十五年（一八九二）に長男小鹿《ころく》を失うと、慶喜に末子精《くわし》を勝家の養嗣子に請い、小鹿の娘伊代《いよ》を精と結婚させた。

明治三十二年（一八九九）一月脳溢血に倒れ、最期の言葉は「コレデオシマイ」だった。

晩年の勝海舟（国立国会図書館蔵）

海舟が晩年まで過ごした赤坂の屋敷跡

榎本武揚　台東区小島1—5

幕府艦隊を率い新政府に抵抗

榎本武揚（国立国会図書館蔵）

榎本武揚は、江戸下谷御徒町柳川横町の通称三味線堀《しゃみせんぼり》近くの組屋敷で生まれた。現在の台東区小島《こじま》1—5あたりである。

三味線堀は、寛永七年（一六三〇）に、浅草猿屋町《さるやちょう》（現・浅草橋3丁目）の小島屋が、鳥越川《とりごえがわ》を掘り広げて造り、その形状から三味線堀と呼ばれた。この土砂で沼地を埋め立てたところが小島町になった。現在の清洲橋《きよすばし》通りに面した小島1丁目の西端に南北に広がっていた。

不忍池から船着場のある三味線堀を経由して隅田川へと通じるようになり、隅田川方面から米、野菜、木材を運び、帰りには下肥を積んだ船が往来した。明治から大正時代にかけて、陸上交通の発達や市街地整備にともなって次第に埋め立てられ、現在では跡形もない。

榎本武揚の父円兵衛《えんべえ》は、備後国安那《やすな》郡箱田《はこだ》村（現・広島県福山市）の出身で、榎本家の御家人株を買って西ノ丸御徒目付になっていた。

榎本は、嘉永四年（一八五一）から昌平黌に学ぶが成績は悪かった。安政三年（一八五六）に長崎海軍伝習所の聴講生となり、翌年に海軍伝習所第二期生に入学し、機関学、化学などを学んだことで運命が開かれる。

文久二年（一八六二）に、幕府はオランダに蒸気軍艦開陽丸《かいようまる》を発注し、榎本らを留学生としてオランダへ送った。榎本はオランダで船舶運用術、砲術、機関学、化学、国際法を学んだ。

慶応二年（一八六六）七月に開陽丸が竣工し、榎本ら留学生は開陽丸を回航して、翌年三月に横浜港に着いた。幕府は榎本を一〇〇俵一五人扶持、軍艦役・開陽丸乗組頭取に任じ、九月に軍艦頭となった榎本は和泉守《いずみのかみ》を名乗った。

慶応三年（一八六七）、将軍慶喜は大政奉還をし、新政府の中で新しい徳川の支配体制を模索した。榎本は幕府艦隊を率いて大坂湾へ入っていた。翌年一月一日、旧幕府軍は鳥羽・伏見に進撃を開始し、二日には榎本の幕府艦は、薩摩藩船平運丸《へいうんまる》を攻撃し、四日には薩摩藩船春日丸《かすがまる》などを阿波《あわ》沖で撃退した。だが、旧幕府軍は鳥羽・伏見の戦いで敗れ、榎本は今後の方策を探るために上陸し、大坂城に向かった。

その間に慶喜は開陽丸に座乗し、副将の沢太郎左衛門《さわたろうざえもん》に出港を命じ、江戸へ逃走していた。大坂城に取り残された榎本は、富士山丸《ふじさんまる》に大坂城に残された幕府の軍資金一八万両のほか、武器を積み、新選組や旧幕府軍の負傷兵らとともに江戸に帰った。

榎本は徹底抗戦を主張するも、慶喜は恭順し、海軍総裁矢田堀景蔵《やたぼりけいぞう》もそれに従ったため、榎本は旧幕府艦隊を手中に収めることになった。江戸開城にともない、新政府は旧幕府艦隊の引渡しを要求したが、榎本は拒否して艦隊を安房国館山《たてやま》に向かわせた。最終的には富士

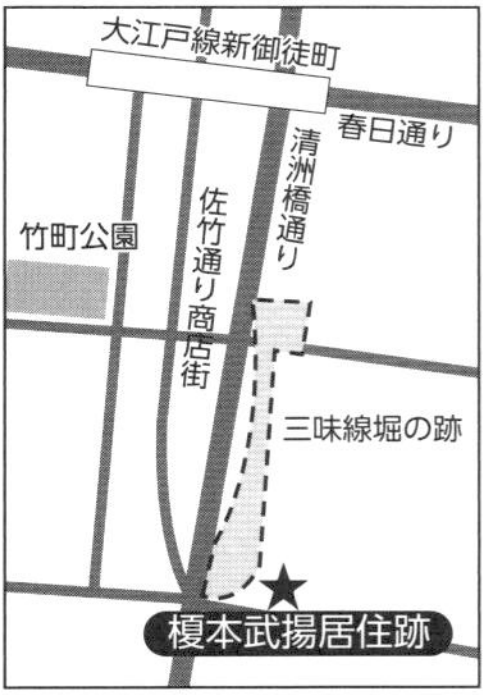

榎本武揚の屋敷があったあたりの現状

山丸など四隻を引渡し、開陽丸など主力艦を温存した。

遅すぎた榎本艦隊の北上

東北諸藩は、新政府の旧幕府への対処に疑問を持ち、奥羽越列藩同盟を結成する。だが、軍の装備が旧式の藩が多く、榎本艦隊に東北の制海権を確保させ、武器弾薬を輸送するために北上を求めた。しかし、榎本は、新政府の徳川家処分決定を待っていた。

新政府は、五月に上野に籠もった彰義隊を掃討すると、徳川家の田安亀之助への相続を許し、駿河で七〇万石の大名として継承することを決定した。榎本は密かに脱走準備を進め、田安亀之助の駿府移封が完了すると、抗戦派旧幕臣など二〇〇〇名とともに、旧幕府艦隊を率いて江戸を脱出し、奥羽越列藩同盟の支援に向かった。

榎本艦隊は、房総沖で台風に襲われて咸臨丸と美賀保丸を失い、開陽丸は舵を壊しながら仙台藩領に辿りついた。だが会津藩は国境を突破されて降伏し、奥羽越列藩同盟は崩壊した。仙台藩も降伏を決定すると、榎本は幕府が仙台藩に貸与していた輸送船二隻を受け取り、新たに旧幕兵らを収容して蝦夷地に向けて出航した。

旧幕府軍は、蝦夷地の各地で新政府軍を撃破し、十一月一日に五稜郭に入城した。その後の榎本の運命は、よく知られるところで、明治二年（一八六九）五月十八日に旧幕府軍は降伏した。

榎本らは東京へ護送され牢獄に収監された。政府内では長州閥が厳罰を主張したが、榎本の才能を評価する黒田清隆《きよたか》らが助命を求め、明治五年（一八七二）一月には特赦により出獄し、三月に放免となった。黒田は榎本に、自らが次官を務める開拓使に出仕を求め、榎本は北海道開拓に努めていった。

明治七年（一八七四）一月、ロシア帝国との樺太《からふと》の国境画定交渉で、駐露特命全権公使および海軍中将に任じられ、翌年に樺太と千島の交換条約を締結。この後、薩長藩閥政権の中で要職を歴任し、晩年には向島《むこうじま》に隠棲した。

明治四十一年（一九〇八）に死去。墓は前述の「お七吉三郎比翼塚」がある吉祥寺に建つ。

晩年を過ごした向島に建つ榎本像

川路聖謨

千代田区富士見1丁目（二合半坂上）
文京区後楽1―4―25（水戸藩邸隣）

ユーモア感覚でロシア交渉を成功へ

川路聖謨は、享和元年（一八〇一）に豊後国日田《ひた》（現・大分県日田市）の日田代官の下級属吏内藤吉兵衛《きちべえ》の長男として生まれ、幼名を弥吉《やきち》といった。

父の吉兵衛は蓄財していたようで、文化五年（一八〇八）に江戸に出て御家人の株を買い、幕府徒歩組に編入された。弥吉は文化九年（一八一二）に、小普請川路家の御家人株を買ってもらって養子になり、実弟の松吉《まつきち》も井上家の養子に入り、後に日米修好通商条約に奔走する井上清直になる。

川路家は、千代田区富士見1丁目の二合半《にごうはん》坂上にあった。二合半坂とは、そこから日光山が半分ほど望めたからだ。富士山が一合より十合まであるが、日光山は五合までとされ、その半分だから二合半とされたという。また、一升枡の四分の一は「こなから」といわれることで「こなから坂」とも呼ばれた。その後、水戸藩邸南隣の、現在の文京区後楽1—4—25のトヨタ自動車裏あたりに移転している。

川路は文化十四年（一八一七）に、勘定所の筆算吟味に及第すると、翌年に勘定奉行所支配下の勘定出役に採用されて下級幕吏になった。その後、支配勘定から御勘定に昇進し旗本となる。寺社奉行所に出向した際に、寺社奉行脇坂安董とともに仙石騒動を見事に裁断し、勘定吟味役に昇格した。

佐渡奉行を経て小普請奉行、普請奉行として水野忠邦の天保改革に協力したが、勘定方の職務を経験したことから海外事情にも通じており、江川英龍や渡辺崋山らとの交流が鳥居耀蔵から追及された。水野が天保改革の失敗で失脚すると、奈良奉行に左遷され神武《じんむ》天皇陵《てんのうりょう》を捜索している。

川路聖謨（国立国会図書館蔵）

嘉永六年（一八五三）に、老中阿部正弘から海岸防禦御用掛に任じられた。この頃、尊王攘夷の志士で京で暗殺される本間精一郎《ほんませいいちろう》が川路に仕えていた。

幕府の外交官僚も対アメリカ交渉と、対ロシア交渉の二派があったが、川路はロシア使節プチャーチンと交渉した。

川路のユーモア精神は、通訳を通して会話しながらも、ロシア人を何度も笑わせ、幕府の対ロシア交渉を成功させた。この時安政東海地震が起こり、ロシア艦ディアナ号が大破した。川路はその修理に誠意を示すとプチャーチンは感動し、択捉島の日本帰属を認め、樺太には国境を設けず日露共有とする譲歩をした。

安政五年（一八五八）、老中堀田正睦《まさよし》に同行して上洛し、日米修好通商条約の承認に朝廷工作をするが失敗した。井伊直弼が大老になると、奈良奉行時代に宮家や公家と交流があったため、西ノ丸留守居役に左遷され、さらに隠居差《さし》控《ひかえ》を命じられた。その後、中風により半身不随となり、慶応四年（一八六八）三月十五日に、江戸開城を知り、ピストルで自殺した。

二合半坂の標識

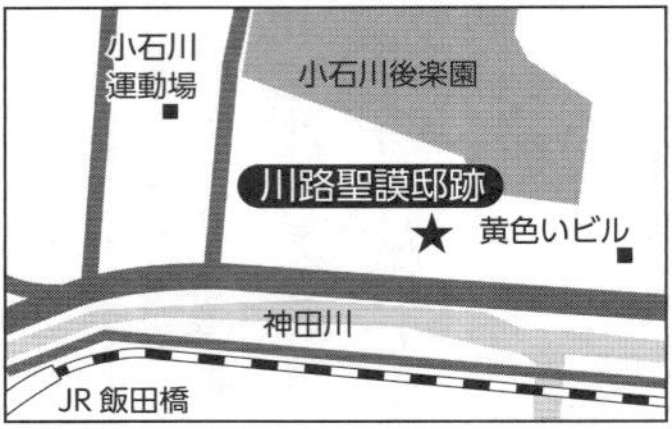

中浜万次郎

江東区北砂1―3（土佐藩下屋敷）

漂流から新知識を得て帰国

ジョン万次郎《まんじろう》こと中浜《なかはま》万次郎は、文政十年（一八二七）に土佐国中浜村（現・高知県土佐清水市中浜）の半農半漁の家の次男に生まれた。

天保十二年（一八四一）、一四歳の万次郎は漁の手伝いをしていたが、嵐に遭って漁師仲間四人と漂流した。伊豆諸島の鳥島《とりしま》に漂着し、アメリカの捕鯨船ジョン・ハウランド号に救助された。年配の者は寄港したハワイで降ろされたが、船長のホイットフィールドは万次郎の頭の良さを気に入り、養子とした。

中浜万次郎（国立国会図書館蔵）

万次郎は船名に因《ちな》んでジョン・マンの愛称で呼ばれた。

万次郎は幼い頃から働いて家計を助けていたため、読み書きもほとんどできなかったが、ホイットフィールドの故郷マサチューセッツ州の学校で学び、バーレット・アカデミーで英語や数学、測量、航海術、造船技術などを学び、首席となった。

卒業後は捕鯨船に乗ったが、帰国を決意し、金を貯めるためにゴールドラッシュに沸くサンフランシスコへ渡った。金を採掘して得た六〇〇ドルの資金を携えて、ホノルルに渡り、土佐の漁師仲間と再会する。万次郎と漁師仲間は上海《シャンハイ》行き、商船に購入した小舟とともに乗り込んだ。嘉永四年（一八五一）一月、琉球《りゅうきゅう》（現・沖縄県）近海でボートに移り、琉球に上陸した。

琉球を支配する薩摩藩に送還されると、藩主島津斉彬に見出され、藩士や船大工らに洋式造船術や航海術を教えた。その後、万次郎らは長崎に送られ、外国から持ち帰った文物を没収された上、嘉永五年（一八五二）に、土佐藩に引き取られ、漂流から一一年目に故郷へ帰ることができた。万次郎は、ついには土佐藩で士分に取り立てられ、藩校「教授館《こうじゅかん》」で後藤象二郎や岩崎弥太郎《やたろう》などを教授した。

英語力と造船技術を役立てる

嘉永六年（一八五三）のペリー来航で、幕府は万次郎のアメリカの知識を必要とし、日米和親条約締結に助言や進言をした。

万次郎は幕府の軍艦教授所教授となって、造船、測量術、航海術の指導にあたった。この頃には、江東区北砂《きたすな》1―3あたりの土佐藩下屋敷に居住したと思われる。

現在の砂町は、江戸時代初期に砂村新左衛門《しんざえもん》が、当時の葛飾郡宝六島《ほうろくじま》を新田開拓したので砂村新田とされていたが、北砂の大部分と東砂の一部は砂村新田以前に開拓されたとされ、その後の町制施行で砂村は砂町となった。

万次郎は、安政七年（一八六〇）に、日米修好通商条約の批准書を交換する遣米使節団で通訳を務めた。

以後は土佐や薩摩で英語、航海術、測量術などを教え、明治維新後には現在の東京大学の前身開成学校で英語教授に任じられた。明治三十一年（一八九八）に七二歳で死去した。

大村益次郎　千代田区三番町2（鳩居堂）

的確な指示で戦いに常勝する

大村益次郎は、文政七年（一八二四）に周防国鋳銭司《すぜんじ》村（現・山口市鋳銭司）の村医の長男に生まれる。周防灘に臨む防府《ほうふ》でシーボルトの弟子梅田幽斎《うめだゆうさい》から医学や蘭学を学び、大坂の緒方洪庵《おがたこうあん》の適塾《てきじゅく》では塾頭まで進んだ。

ペリーの来航後に日本では蘭学の知識が時の要請となり、大村は宇和島《うわじま》藩に招かれて一〇〇石取の上士格となった。西洋兵学や蘭学の講義をし、提灯《ちょうちん》屋の嘉蔵《かぞう》（前原巧山《まえはらこうざん》）とともに洋式軍艦の雛形を製造している。

安政三年（一八五六）に藩主伊達宗城《むねなり》の参勤で江戸に出ると、麹町に蘭学塾「鳩居堂《きゅうきょどう》」を開いて蘭学や兵学を教授し、幕府の蕃書《ばんしょ》調所でも教授方手伝となり、外交文書や洋書翻訳などを行なった。鳩居堂の場所は、現在の千代田区三番町2とされ、千《ち》鳥ヶ淵《どりがふち》戦没者墓地あたりである。近くの九段下に蕃書調所《ばんしょしらべしょ》があり、靖国神社境内には像も建ち、この周辺に大村所縁《ゆかり》の地が集まっている。翌年に講武所で最新兵学書の翻訳と講義を行なう。やがて長州藩士桂小五郎と知り合い、郷里の長州藩で士分となる。

慶応二年（一八六六）六月の第二次長州征伐で、大村は諸隊を整理して農商階級の兵士一六〇〇人を藩に組み入れた。隊の指揮官に戦術を徹底的に教え、石州《せきしゅう》口を担当すると幕府側を撃破し、他の戦線でも戦いを優勢に進め、停戦した。この時、国民軍の創設に確信を持った。

靖国神社の大村像

慶応四年（一八六八）、鳥羽・伏見の戦いには参加しなかったが、上野に集結した彰義隊を一日で鎮圧する。徴兵制を模索する大村は、明治二年（一八六九）九月に京都三条の旅館で、鳩居堂時代の教え子と会食中、刺客に襲われ重傷を負った。朝臣の大村に手術ができず、敗血症を発して、十一月五日の夜に死去した。

【参考文献】

『江戸今昔　江戸散歩』山本博文著　中経の文庫／『知識ゼロからの忠臣蔵入門』山本博文著　幻冬舎／『江戸に学ぶ日本のかたち』山本博文著　NHKブックス／『図説　大奥の世界』山本博文編著　河出書房新社／『大江戸御家相続』山本博文著　朝日新書／『朝日　日本歴史人物事典』朝日新聞社編／『幕末剣豪秘伝』津本陽監修　ワニ文庫／『人物日本剣豪伝　二・三』童門冬二・伊藤桂一ほか著　学陽書房／『幕末・維新のしくみ』童門冬二監修　日本実業出版社／『江戸の銭勘定』山本博文監修　洋泉社／『本当は全然偉くない征夷大将軍の真実』二木謙一監修　SB新書／『東京の銅像を歩く』木下直之監修　祥伝社／『もち歩き江戸東京散歩』人文社／別冊歴史読本『江戸切絵図と名所図会』新人物往来社／別冊歴史読本『江戸切絵図の世界』新人物往来社／別冊歴史読本『江戸切絵図散策』新人物往来社／ビジュアル・ワイド『江戸時代館』小学館／『幕末の日本』金子治司著　早川書房／『維新の日本』金子治司著　早川書房／『図説　徳川慶喜』河出書房新社編集部編　河出書房新社／『幕末バトル・ロワイヤル』野口武彦著　新潮社／『教養としての歴史　日本の近代　上』福田和也著　新潮社／『お江戸の武士の意外な生活事情』中江克己著　PHP文庫／『大きな字の地図で東京歩こう』人文社／『でっか字まっぷ　東京23区』昭文社

切りとり線

★読者のみなさまにお願い

この本をお読みになって、どんな感想をお持ちでしょうか。祥伝社のホームページから書評をお送りいただけたら、ありがたく存じます。今後の企画の参考にさせていただきます。また、次ページの原稿用紙を切り取り、左記まで郵送していただいても結構です。

お寄せいただいた書評は、ご了解のうえ新聞・雑誌などを通じて紹介させていただくこともあります。採用の場合は、特製図書カードを差しあげます。

なお、ご記入いただいたお名前、ご住所、ご連絡先等は、書評紹介の事前了解、謝礼のお届け以外の目的で利用することはありません。また、それらの情報を6カ月を越えて保管することもありません。

〒101-8701（お手紙は郵便番号だけで届きます）
祥伝社新書編集部
電話03（3265）2310
祥伝社ホームページ　http://www.shodensha.co.jp/bookreview/

★本書の購買動機（新聞名か雑誌名、あるいは○をつけてください）

＿＿＿＿新聞の広告を見て	＿＿＿＿誌の広告を見て	＿＿＿＿新聞の書評を見て	＿＿＿＿誌の書評を見て	書店で見かけて	知人のすすめで

★100字書評……江戸の「事件現場」を歩く

名前

住所

年齢

職業

山本博文　やまもと・ひろふみ

1957年、岡山県生まれ。東京大学文学部国史学科卒業。文学博士。東京大学史料編纂所・情報学環教授。専門は近世日本政治・外交史。『江戸お留守居役の日記』（講談社学術文庫）で第40回日本エッセイスト・クラブ賞を受賞。著書に『武士はなぜ腹を切るのか』（幻冬舎）『歴史をつかむ技法』（新潮新書）、『江戸「捕物帳」の世界』（監修・祥伝社新書）など多数。

江戸《えど》の「事件現場《じけんげんば》」を歩《ある》く

山本博文《やまもとひろふみ》／監修

2017年 9 月10日　初版第 1 刷発行

発行者……………辻 浩明

発行所……………祥伝社しょうでんしゃ

〒101-8701　東京都千代田区神田神保町3-3

電話　03(3265)2081(販売部)

電話　03(3265)2310(編集部)

電話　03(3265)3622(業務部)

ホームページ　http://www.shodensha.co.jp/

装丁者……………盛川和洋

印刷所……………萩原印刷

製本所……………ナショナル製本

Printed in Japan　ISBN978-4-396-11512-8　C0221